Edited by
Lucia Kaufmann

The Space of Color

Ana Kostova

HIRMER

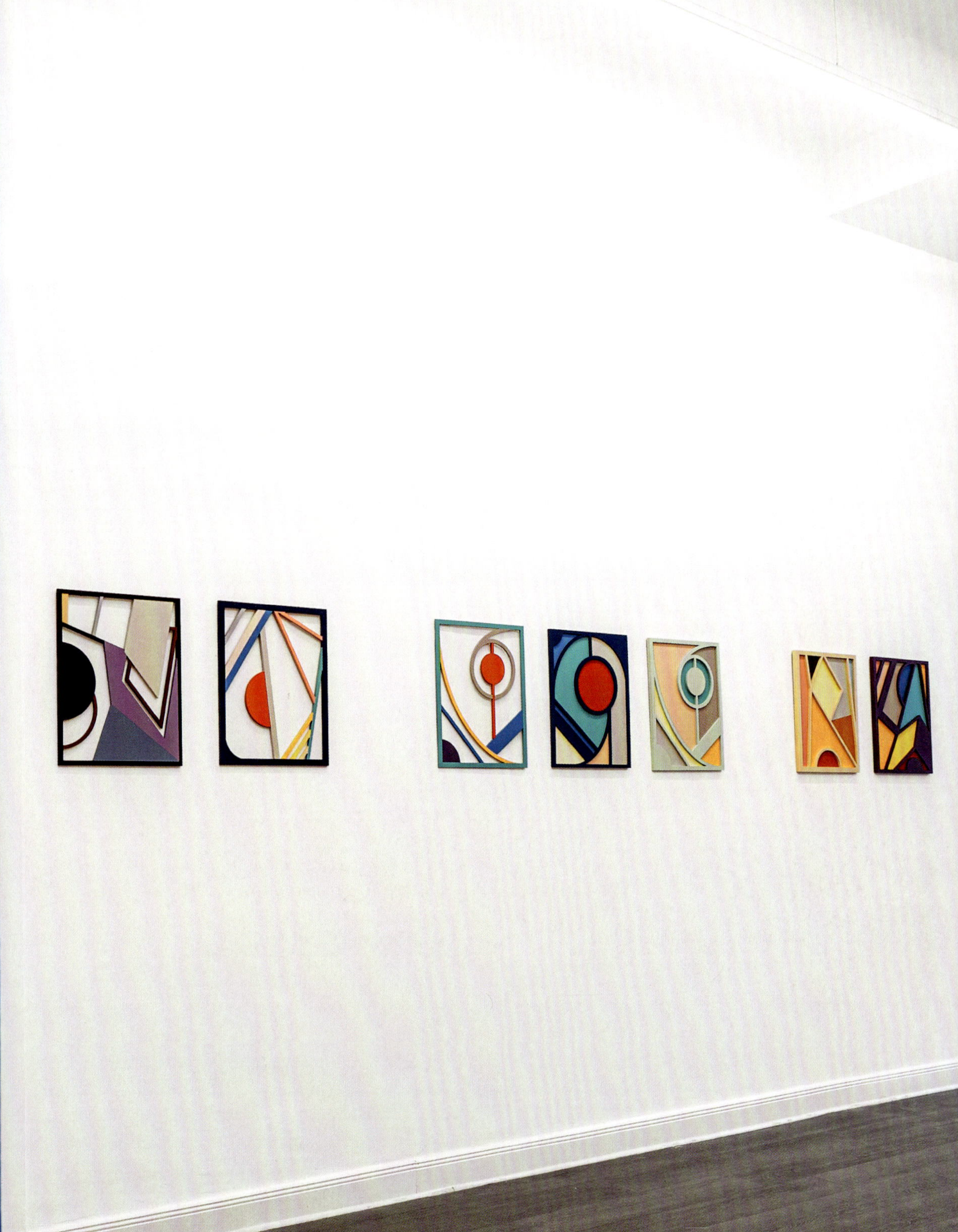

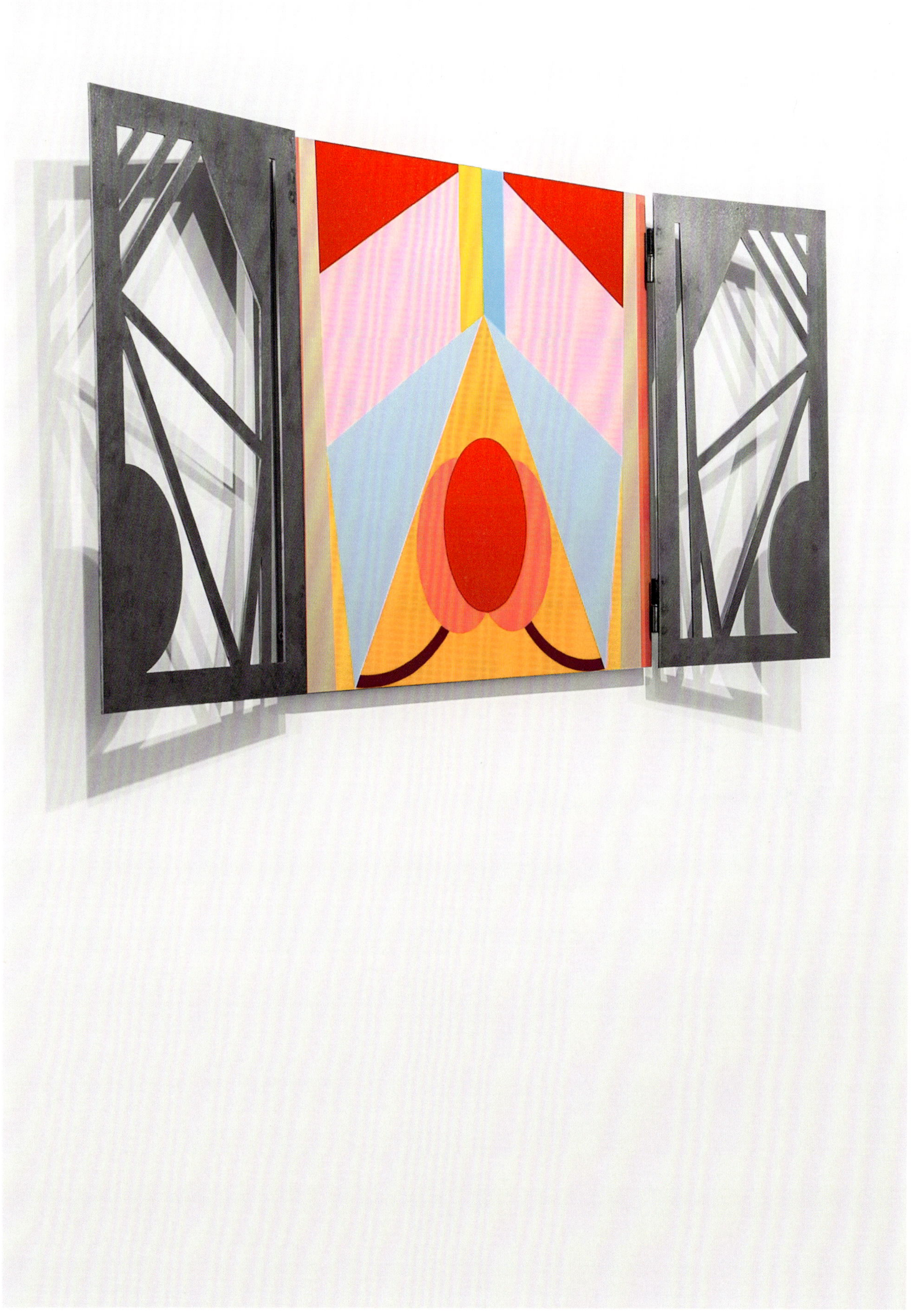

Lucia Kaufmann

Vorwort

Introduction

Als ich damals Kunst studierte in Hamburg, war es schon extrem schwierig zu sagen: Ich male. Das war out. Das war langweilig. Das war irreführend. 15 Jahre später treffe ich nun auf KünstlerInnen, die genau die Fragen bewegen, die ich mir damals stellte. Wie gut, dass dies jetzt jemand übernimmt und weiter fortführt. Ich habe die Perspektive gedreht und schaue nun hin und wähle aus, anstatt selber zu »produzieren« oder zu »erfinden«.

Welche Farbe braucht welche Form? Und welche Form fordert welche Farben ein? Es ist ein gestalterisches Gesamtkonzept, eine Grundhaltung. Dabei ist es vielleicht gar nicht so wichtig, in welchen Dingen die Künstlerin ihre Inspirationsgrundlage findet, sondern viel mehr dieser aufsaugende, sammelnde, ordnende Blick. Das Umfeld befindet sich stets unter einem Sondierungsprozess; einer neugierigen, suchenden Haltung.

Ana Kostova schafft es, die Frage zu bewegen. Sie erweitert den Malerei-Begriff. Malerei muss längst nicht mehr Fläche bedeuten. Ihre Werke erschaffen Räume oder sogar ganze Farbwelten. Man will hindurchgehen, selber zur Farbe werden. In meinen Augen ist die Malerei niemals tot. Es wird immer etwas zu entdecken geben, etwas zum Ausprobieren. Etwas zum Wundern.

Der kulturelle Einfluss – oder nennen wir es Inspiration –, den Ana Kostova mit ihren Wurzeln aus Bulgarien mitbringt, zeigt uns wieder einmal, wie vielfältig die Möglichkeiten sind, und wir sollten dafür stets offen und unvoreingenommen den Blick in alle Richtungen wenden. Die Buntheit in all ihren Facetten wird nur aufleben und weiterleben können durch die Zusammenarbeit von Menschen aus den verschiedensten Ländern. Dafür bin ich dieser Begegnung dankbar.

Ich kann es kaum abwarten, mich von den Ideen der Künstlerin überraschen zu lassen, und blicke erwartungsvoll dem Eröffnungstag in der Galerie entgegen.

Back when I was studying art in Hamburg, it was extremely difficult to say: I paint. That was out. That was boring. That was misleading. Fifteen years later, I now meet artists who address precisely the questions I asked myself back then. How fortunate that someone is now taking over and continuing to pursue this. I've shifted my perspective and now look and select, instead of "producing" or "inventing" myself.

Which color needs which form? And which form demands which colors? It's an overall creative concept, a basic attitude. Perhaps it's not so important in which things the artist finds her inspiration, but rather this absorbing, collecting, organizing gaze. The environment is always undergoing a probing process: a curious, searching attitude.

Ana Kostova succeeds in addressing the question. She expands the concept of painting. Painting no longer has to mean a surface. Her works create spaces or even entire worlds of color. You want to walk through them, to become the color yourself. In my eyes, painting is never dead. There will always be something to discover, something to try out. Something to marvel at.

The cultural influence—or let's call it inspiration—that Ana Kostova brings with her Bulgarian roots shows us once again how diverse the possibilities are, and we should always look in all directions with an open mind. The diversity in all its facets can only be revived and continued through the collaboration of people from diverse countries. For that, I am grateful for this encounter.

I can hardly wait to be surprised by the artist's ideas and look forward to the opening day at the gallery.

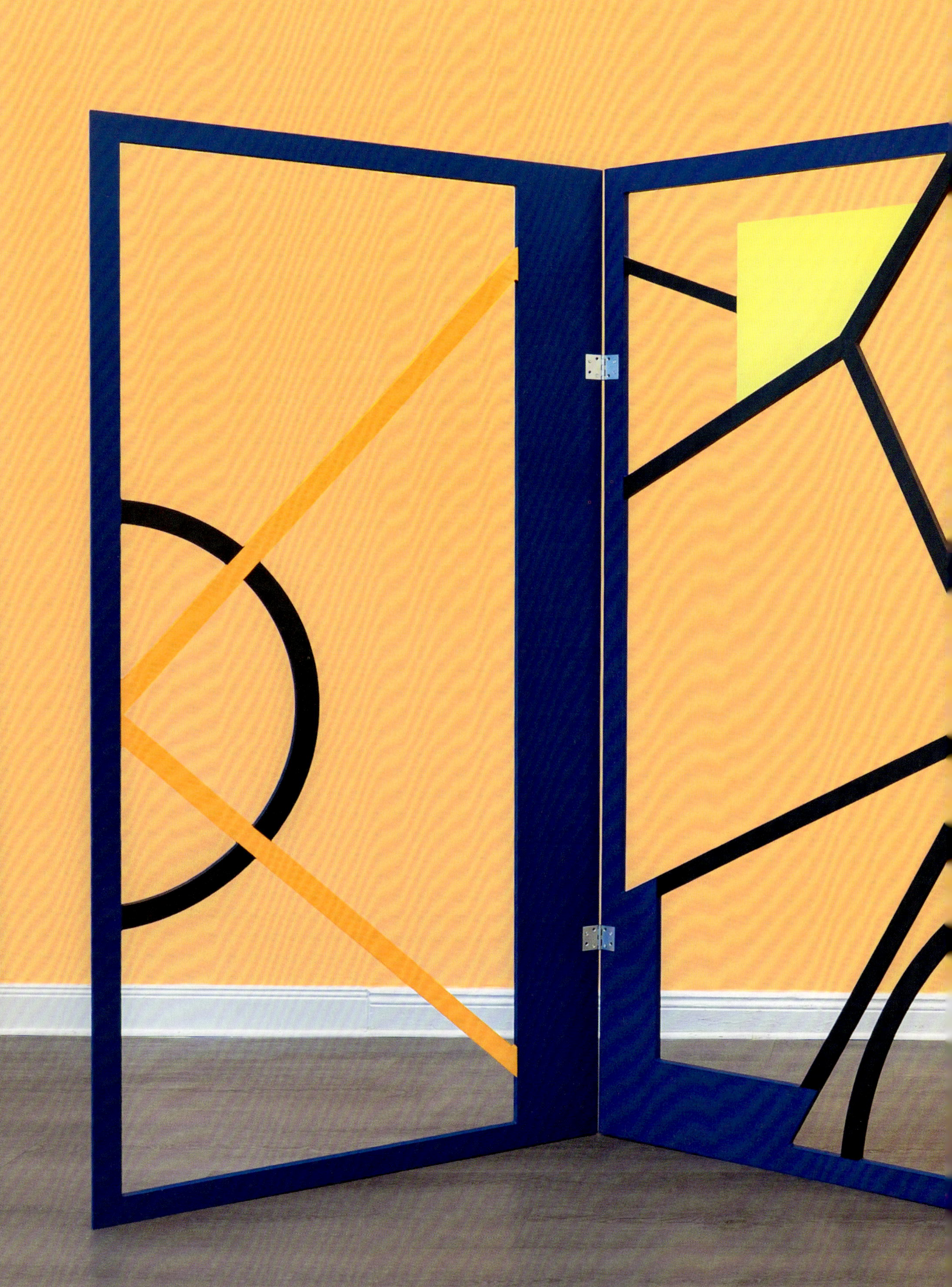

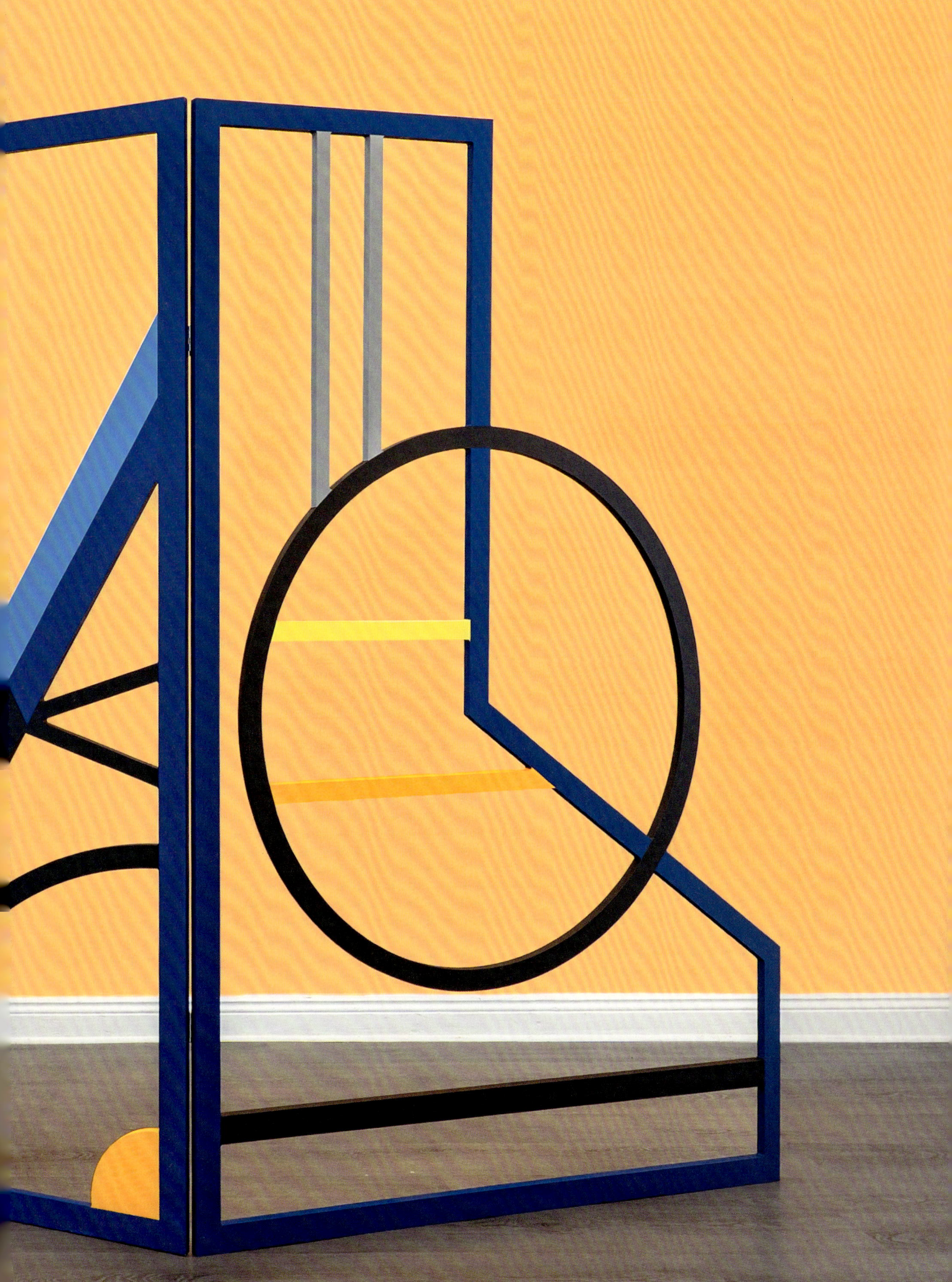

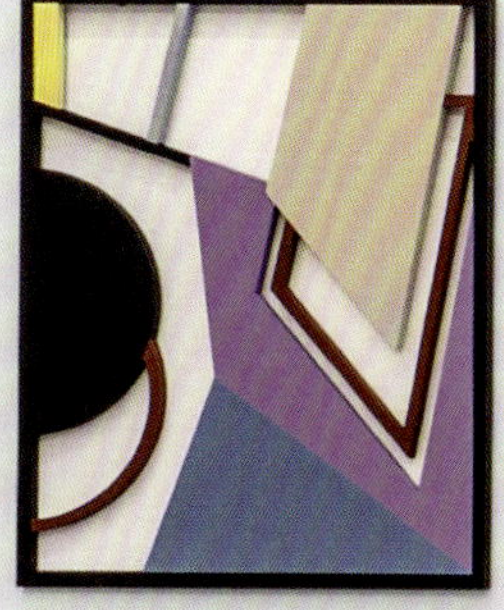
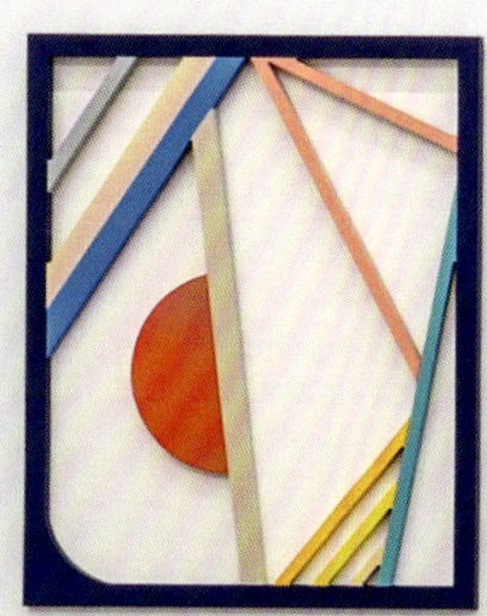
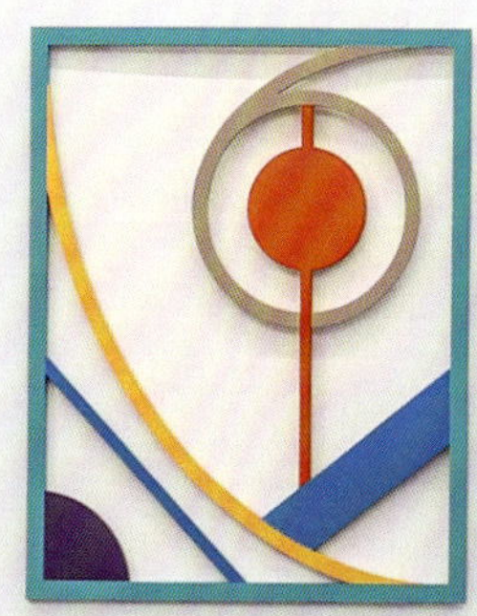
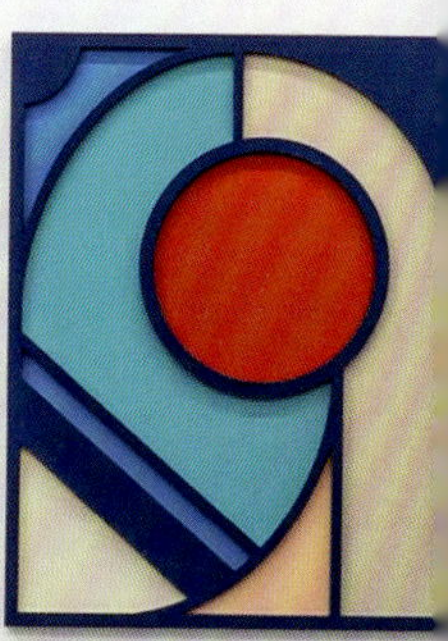

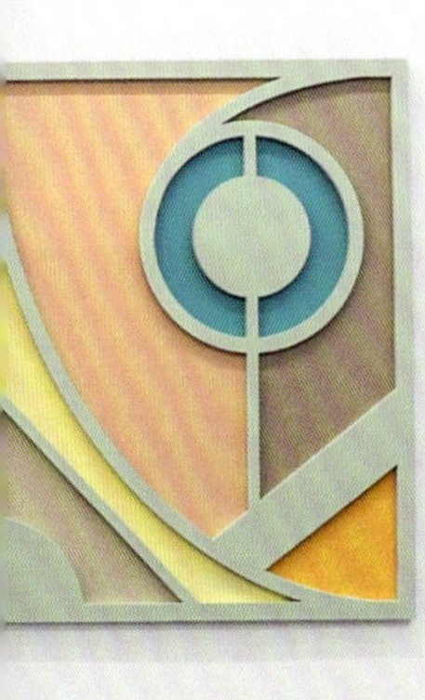

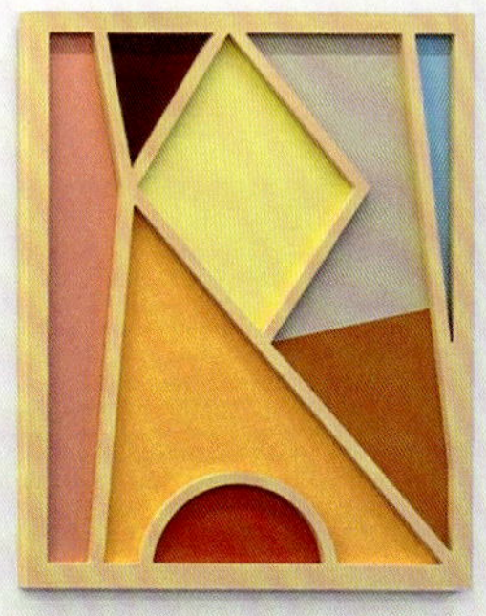

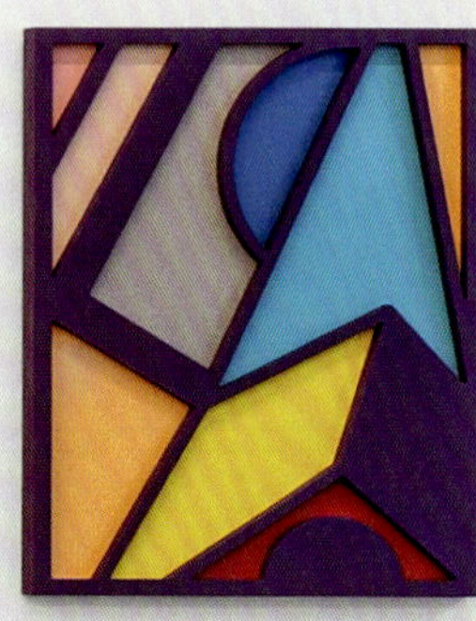

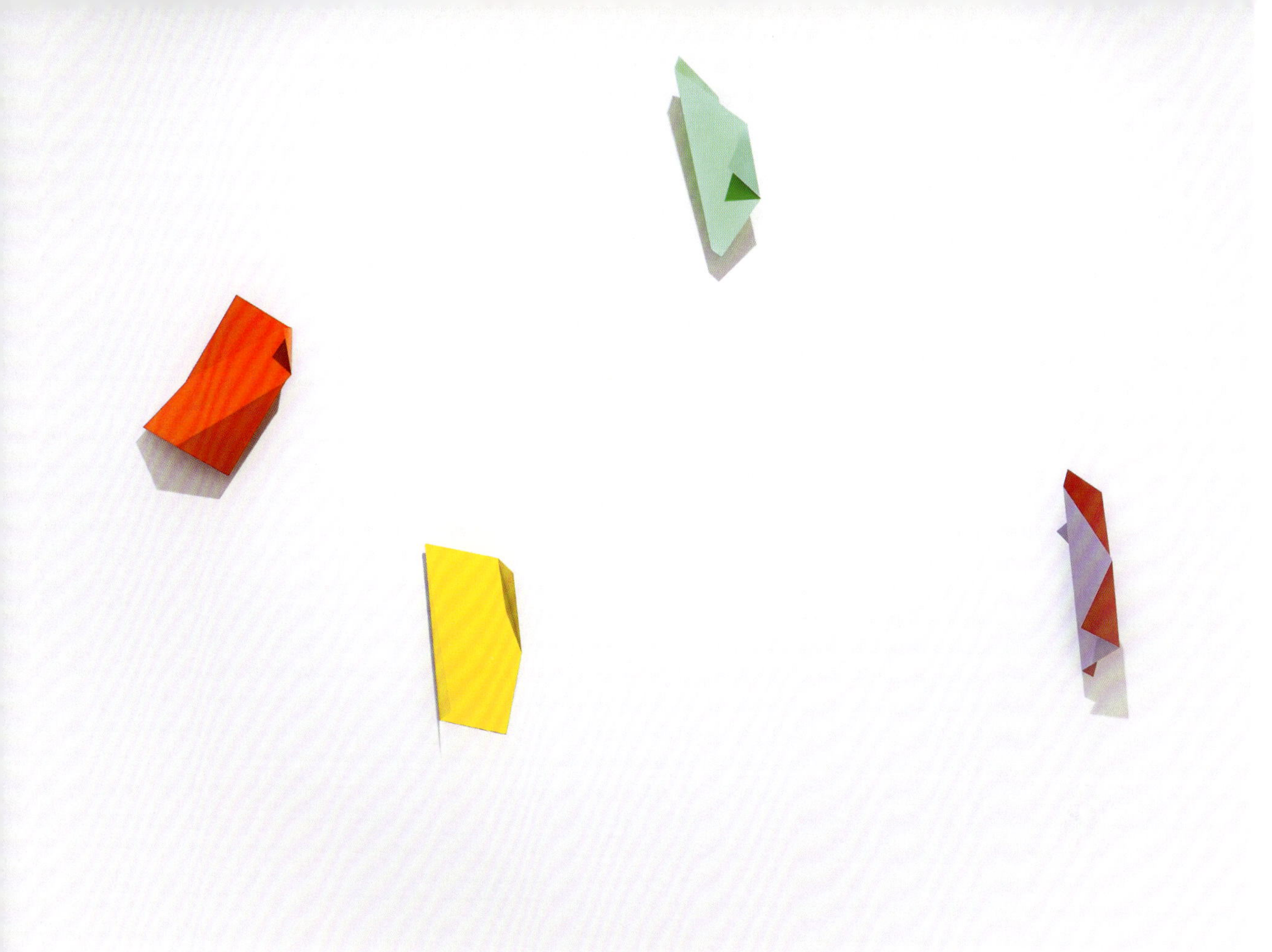

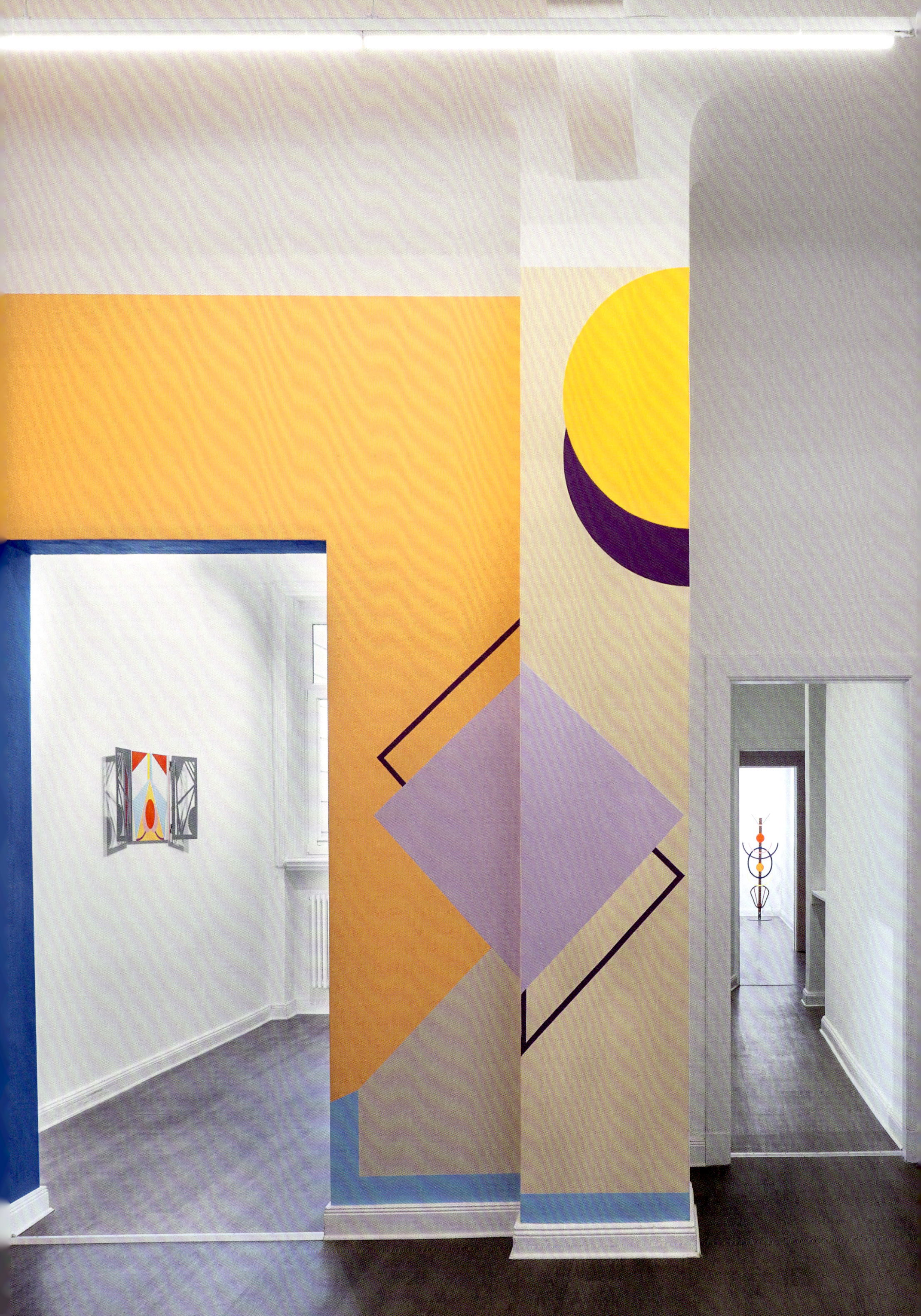

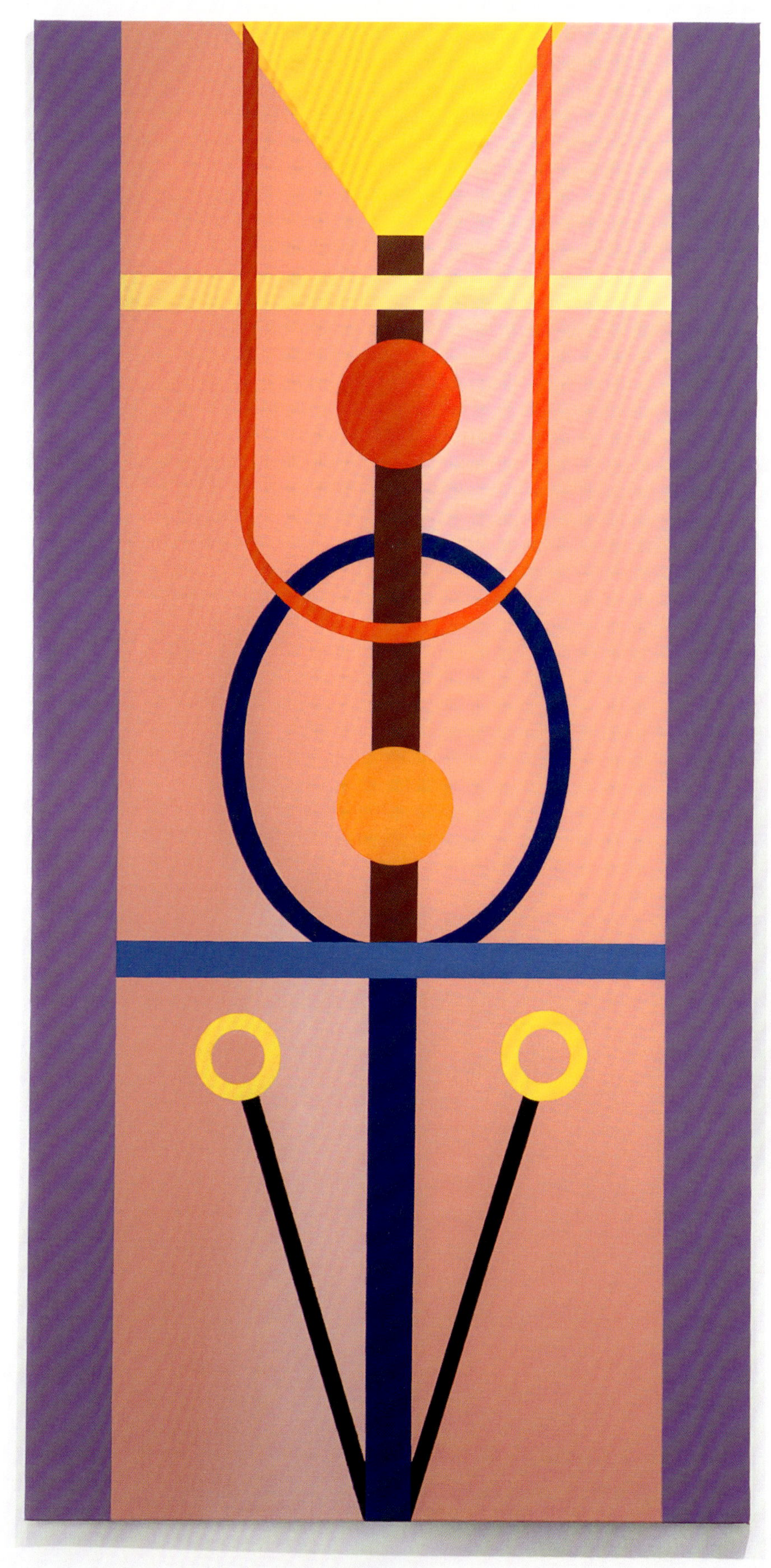

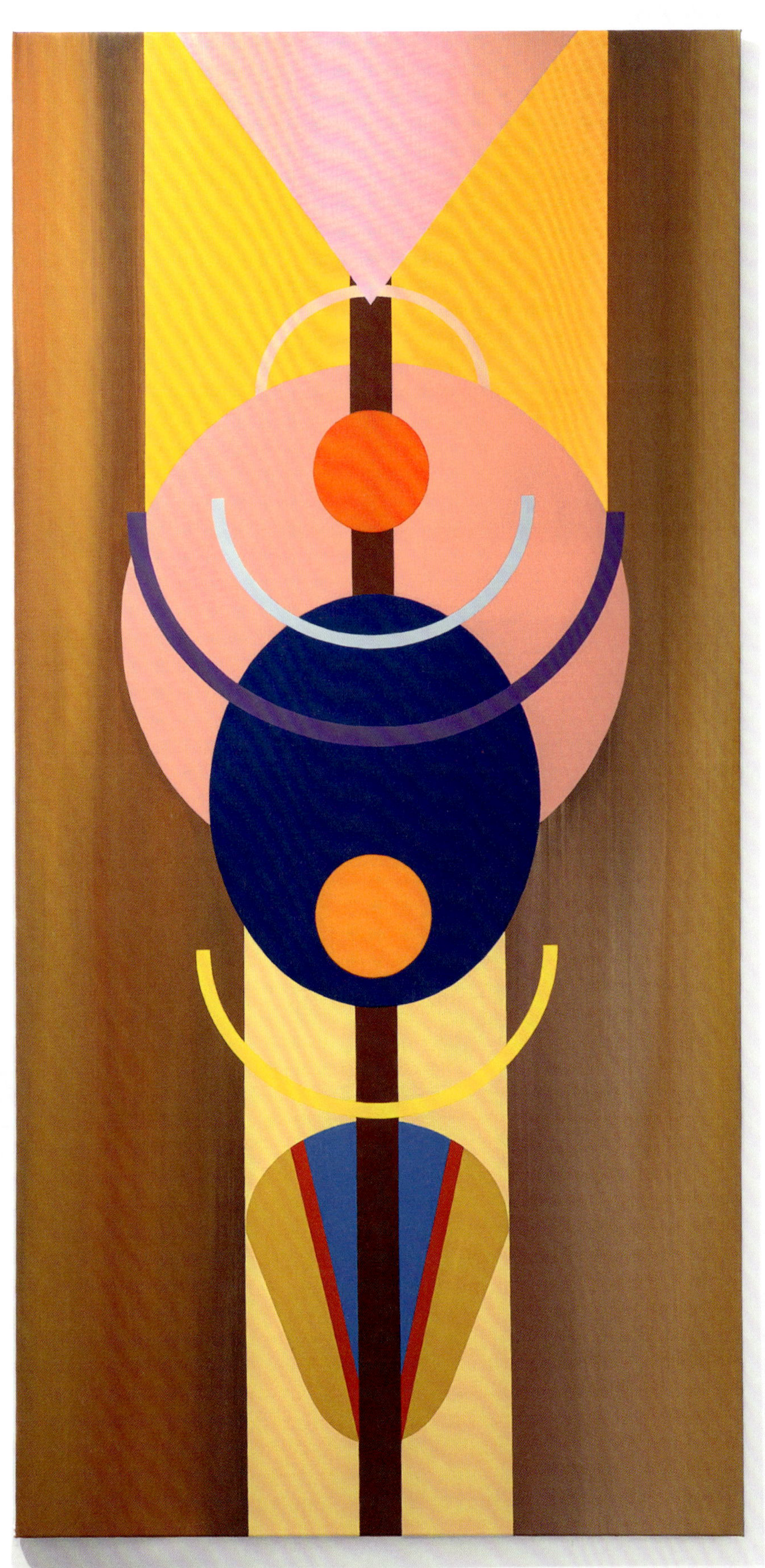

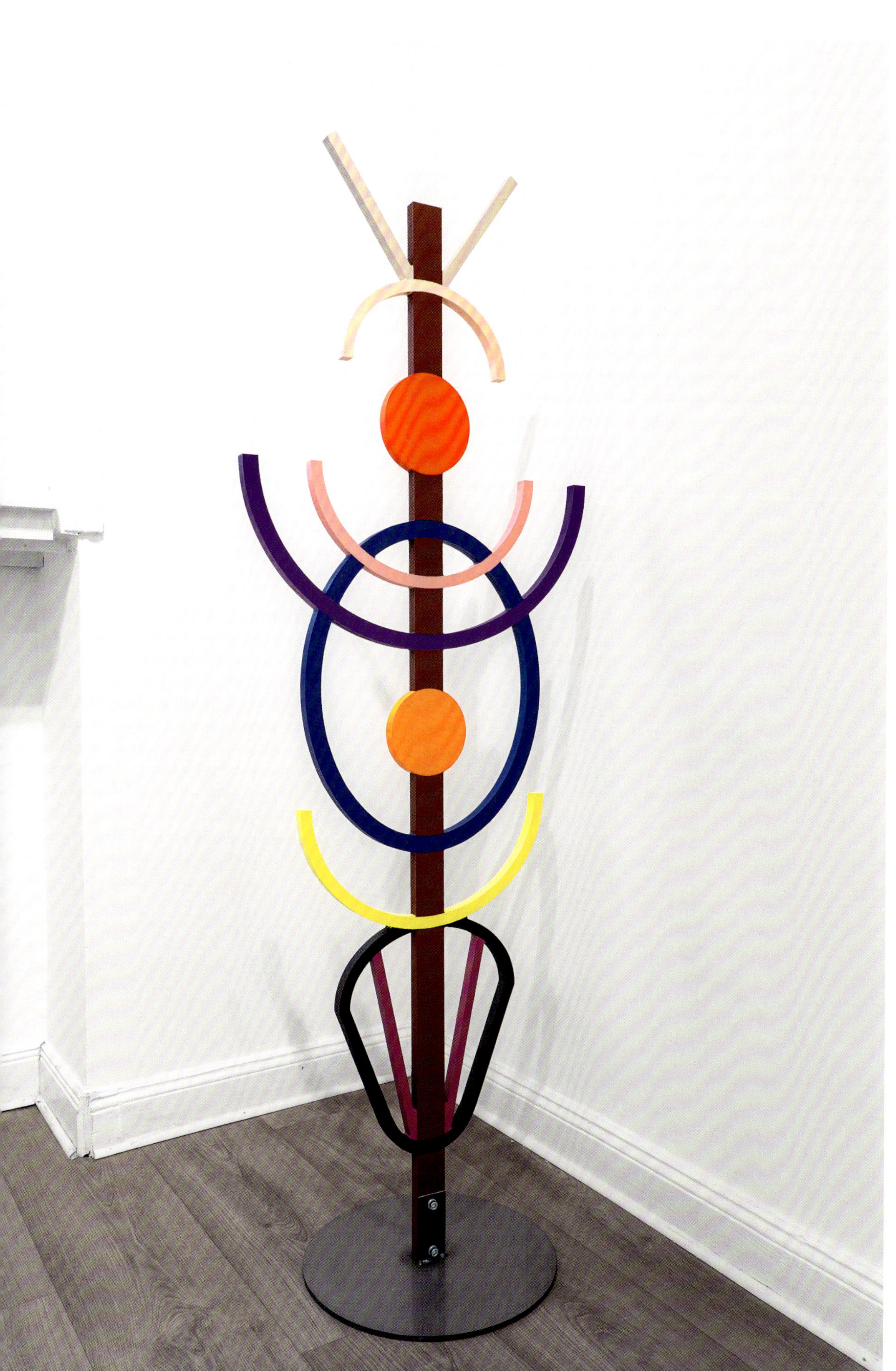

Anne Simone Kiesiel

»Meine Malerei ist wie ein Gebäude; es kann von allen Seiten betrachtet werden.«

"My painting is like a house; it can be viewed from all sides."

Wir bewegen uns darin und daraus heraus, strukturieren unser Denken mit ihm und machen uns doch kaum Gedanken über seine Existenz: Die Rede ist vom Raum. Raum gehört zu den grundlegenden Konstituenten unserer menschlichen Existenz: in Form des realen, alltäglichen Erlebens wie auch in der eines abstrakten Verständnisses. Raum prägt unser Sein in der Welt und damit unser Selbst-Verständnis. Über räumliche Bezugspunkte verorten wir uns. Dabei ist der Raum so, wie wir ihn in der westlichen Hemisphäre traditionell denken und wahrnehmen, ein relativ junges Phänomen, das erst mit dem französischen Philosophen René Descartes im frühen 17. Jahrhundert aufkam. Zu diesem Zeitpunkt etablierte sich auch der Begriff »Raum« in seiner heutigen Bedeutung – die Antike kannte keinen vergleichbaren Ausdruck.[1] Wie nun verändert sich unser Denken, wenn sich der Raum verändert? Wenn aus scheinbar festgefügten Tatsachen fragwürdige Vexierspiele werden, der Raum ins Kippen gerät? Wenn seine visuelle Darstellung sich von den Normen löst? Ana Kostova umkreist in ihren experimentellen Installationen, Objekten und Malereien diesen Fragenkomplex. Ihre Werke stellen eine Art Feldforschung dar, welche die drei Eckpfeiler eines jeden Kunstwerks – Farbe, Form und Raum – zu jeweils verschiedenen Gleichungen zusammenfügt. Das Resultat sind Bildfindungen, die sich über Grenzen hinwegsetzen, Kategorien obsolet werden lassen und den Raum einer Frischekur unterziehen.

Meist sind es – im Kontrast zum umfassenden Begriff des Raumes – die kleinen Dinge des Alltags, die Ana Kostova als Inspiration für ihr künstlerisches Schaffen dienen. Eine Ecke verwandelt sich in ein Erlebnis aus leuchtendem Gelb, durchzogen von den blauen Adern eines Paravents. Der tradierten, illusionistisch-perspektivischen Tiefengestaltung entzieht die Künstlerin mit installativen Ensembles wie diesem, das den programmatischen Titel *Von einem Raum zum anderen* trägt, den festen Boden des kanonisierten Regelwerks. Und führt die BetrachterInnen auf dünnes optisches Eis. Wo ist vorne, wo hinten? Der in der Malerei klassischerweise bläulich gehaltene Hintergrund und seine Perspektivlinien rücken nach vorn, die sonnengelbe Raumecke kippt dagegen in die zweite Dimension. Erfrischende malerisch-räumliche Experimente unternimmt die 1995 in Bulgarien geborene Künstlerin auch mit *Ballon*. Ein simpler Luftballon gab den Anstoß zu der

1 Vgl. *Raumtheorie. Grundlagentexte aus Philosophie und Kulturwissenschaften*, hrsg. von Jörg Dünne und Stephan Günzel, 8. Aufl., Frankfurt a.M. 2015, S. 9f.

See: Jörg Dünne and Stephan Günzel (eds.), *Raumtheorie. Grundlagentexte aus Philosophie und Kulturwissenschaften*, 8th ed. (Frankfurt am Main 2015), pp. 9f.

We move in and out of it, structure our thinking with it, and yet hardly give its existence a second thought: We are talking about space. Space is one of the fundamental components of our human existence, in the form of real, everyday experience as well as in the form of abstract understanding. Space shapes our being in the world and thus our sense of self. We locate ourselves through spatial reference points. The way we have traditionally thought about and perceived space in the Western Hemisphere is a relatively recent phenomenon, emerging with the French philosopher René Descartes in the early seventeenth century. It was also around this time that the concept of "space" took on its current meaning—there was no comparable expression in ancient times.[1] But how does our thinking change when space changes? When seemingly fixed facts become questionable puzzles, when space begins to topple? When its visual representation breaks away from norms? Ana Kostova's experimental installations, objects, and paintings revolve around this battery of questions. Her work is a kind of field research that combines the three cornerstones of any work of art—color, form, and space—into various equations. The results are pictorial inventions that transcend boundaries, render categories obsolete, and reinvent the concept of space.

In contrast to the comprehensive concept of space, it is usually the small things of everyday life that serve as inspiration for Ana Kostova's artistic work. A corner is transformed into an experience of bright yellow, interspersed with the blue veins of a paravent. With three-dimensional ensembles such as this one, programmatically titled *Von einem Raum zum anderen* (From One Space to Another), the artist departs from the traditional illusionistic perspectival design of depth, the solid ground of canonized rules. Optically, she leads the viewer onto thin ice. Where is the front, where the back? The background—usually bluish in classical

großformatigen freistehenden Plastik, die sich als kristallartiges Formenkonglomerat aus in pastelligen Tönen eingefärbten Dreiecken und Halbkreisen zusammensetzt. Das Volumen ist auf seine Wesenheiten heruntergebrochen und zersplittert in den kleinsten gemeinsamen Nenner. Überstrahlt werden die Formen auch hier von der für Ana Kostova so charakteristischen luftig-leichten Farbgebung. Puderrosa trifft auf Himmelblau, Miami-Gelb auf Flieder-Lila. Ein wenig 80er-Jahre Malibu-Feeling klingt an, teils mag man sich an das berüchtigte Memphis-Design erinnert fühlen. Gelegentlich blitzen auch vermeintliche Bauhaus-Reminiszenzen auf. Und doch passt keine der Schubladen, sie sind alle zu eng oder zu strukturiert für die sprudelnd-energetischen Farbharmonien und die überraschenden Formen.

Erstere kombiniert die Künstlerin intuitiv in ihren Vorzeichnungen. Präzise werden die Farben dabei auf die Formentwürfe verteilt – um dann im Prozess der Fertigung die *slickness*, die Glattheit, durch bewusst stehen gelassene Pinselstriche aufzubrechen. Diese gewollte »Imperfektion« des Werkes ist untypisch für Kunstentwürfe wie denjenigen von Ana Kostova, der formale Ähnlichkeiten mit der Konkreten Kunst und konstruktivistischem Formenvokabular aufweist. Und im selben Zuge symptomatisch für die Einzigartigkeit von Ana Kostovas individueller Interpretation der »Altmeister« der geometrischen Kunst. Sie hebt deren Ansatz im wahrsten Sinne des Wortes aus dem Lot. Geradlinigkeit und serielle Wiederholungen gibt es in ihrem Vokabular kaum, die Form wird hier in ihrer Varianz und explizit als Überwindung des Systems gefeiert. Ihre raumgreifenden Paravents, Objekte und Reliefs brechen die ihnen vermeintlich zugrunde liegenden Systeme auf. In der Reihe der *Geometric Imageries* – Reliefs, die aus MDF ausgefräst und dann farbig gefasst werden – ist die Komposition stets leicht versetzt, es gibt keine Mitte, keine Spiegelungen,

painting—and its perspective lines move forward, while the sunny yellow corner of the room tilts into the second dimension. With *Balloon*, the artist, who was born in Bulgaria in 1995, also undertakes refreshing painterly-spatial experiments. A simple balloon provided the impetus for the large, free-standing sculpture, which is composed of triangles and semicircles painted in pastel shades, forming a crystalline conglomerate of shapes. The volume is reduced to its essential elements and fragmented to the smallest common denominator. The forms are overshadowed by the light and airy color scheme that is so characteristic of Ana Kostova's work. Powdery pink meets sky blue, Miami yellow meets lilac purple. There is a bit of 1980s Malibu feeling, and notes of the infamous Memphis design. There are occasional nods to Bauhaus. And yet none of these categories fit—they are all too narrow or too structured for the sparkling, energetic color harmonies and surprising shapes.

The artist intuitively combines the former in her preliminary drawings. The colors are precisely distributed among the forms—only to be broken up in the finishing process by the *slickness*, the smoothness, of deliberately left brushstrokes. This intentional "imperfection" is not what one initially expects from designs like Kostova's, which show formal similarities to Concrete and Constructivist vocabularies. At the same time, it is symptomatic of the uniqueness of Ana Kostova's interpretation of the "old masters" of geometric art. She literally upsets their approach. Straight lines and serial repetition are rarely part of her vocabulary; here, form is celebrated in its variance and explicitly as a means of overcoming the system. Her room-sized paravents, objects, and reliefs disrupt the systems that supposedly underlie them. In the series *Geometric Imageries*—reliefs milled out of MDF and then painted—the composition is

keine Wiederholung. Angelehnt an Bodenmosaike, wie sie seit der Antike bekannt und auch in Bulgarien vielfach zu finden sind, transformiert die Künstlerin die dort gefundenen Formen in eine verspielte Form der Abstraktion. Durch die »Auslotungen« der Geometrie entsteht dabei eine spezifische Ästhetik, die sich vom »Mainstream« des Kanons à la Max Bill oder Josef Albers absetzt und einen freien, intuitiven Konstruktivismus propagiert, der im 21. Jahrhundert angekommen ist. Leichtigkeit, Originalität und der charmante Hang zum (Aus-)Bruch sind die Markenzeichen dieser Revitalisierung.

Bezeichnend für Ana Kostovas Zugang zur Form ist dabei der Umstand, dass diese bei ihr immer im Raum existiert – sei es der Bildraum oder der Umraum des plastischen Kunstwerks. Insbesondere in den installativen Arbeiten und Reliefs schleicht sich dabei ein weiterer Aspekt des Raumes ein: der Zwischenraum. Oder ist es kein Dazwischen, sondern der Umraum einer plastisch gewordenen Malerei? Denn letztlich lassen sich die geradezu filigranen Form-Konstrukte als farbige Linien im Raum lesen. Der Pinselstrich manifestiert sich in ihnen außerhalb der Leinwand, die Malerei wird zu einem plastischen Körper. »Meine Malerei ist wie ein Haus, sie kann von allen Seiten betrachtet werden«, so Ana Kostova. Insbesondere in ihren ortsspezifischen Rauminstallationen bietet sie uns als BetrachterInnen darüber hinaus die Möglichkeit, das Haus ihrer Malerei zu betreten und durch seine Räume zu wandern. Dadurch können wir uns in die Kippmomente eines optisch unklaren Raumes hineinbegeben, ihn nicht nur sehen, sondern regelrecht erfahren. Jenseits von Kategorien lädt er dazu ein, den eigenen Standort neu zu bestimmen und tradierte Schemata zu hinterfragen – in der Kunst wie im Leben.

always slightly displaced; there is no center, no mirroring, no repetition. Inspired by the floor mosaics known since antiquity and found in abundance in Bulgaria, the artist transforms the forms she finds there into a playful form of abstraction. The "explorations" of geometry give rise to a specific aesthetic that sets itself apart from the "mainstream" of the canon à la Max Bill or Josef Albers and propagates a free, intuitive Constructivism that has arrived in the twenty-first century. Lightness, originality, and a charming tendency to break out are the hallmarks of this revitalization.

Characteristic of Ana Kostova's approach to form is the fact that it always exists in space—be it the pictorial space or the space around the sculptural work of art. Especially in her installations and reliefs, another aspect of space creeps in: the space in between. Or is it not an in-between, but rather the space surrounding the painting that has become sculptural? Ultimately, the almost filigree form-constructs can be read as colored lines in space. The brushstroke manifests itself in them outside the canvas, and the painting becomes a sculptural body. "My painting is like a house; it can be viewed from all sides," says Ana Kostova. In her site-specific installations she offers us, the viewers, the opportunity to enter the house of her painting and walk through its rooms. This allows us to enter the tipping points of a visually ambiguous space, not only to see it, but to truly experience it. Beyond categories, it invites us to redefine our own position and to question traditional schemata—in art as in life.

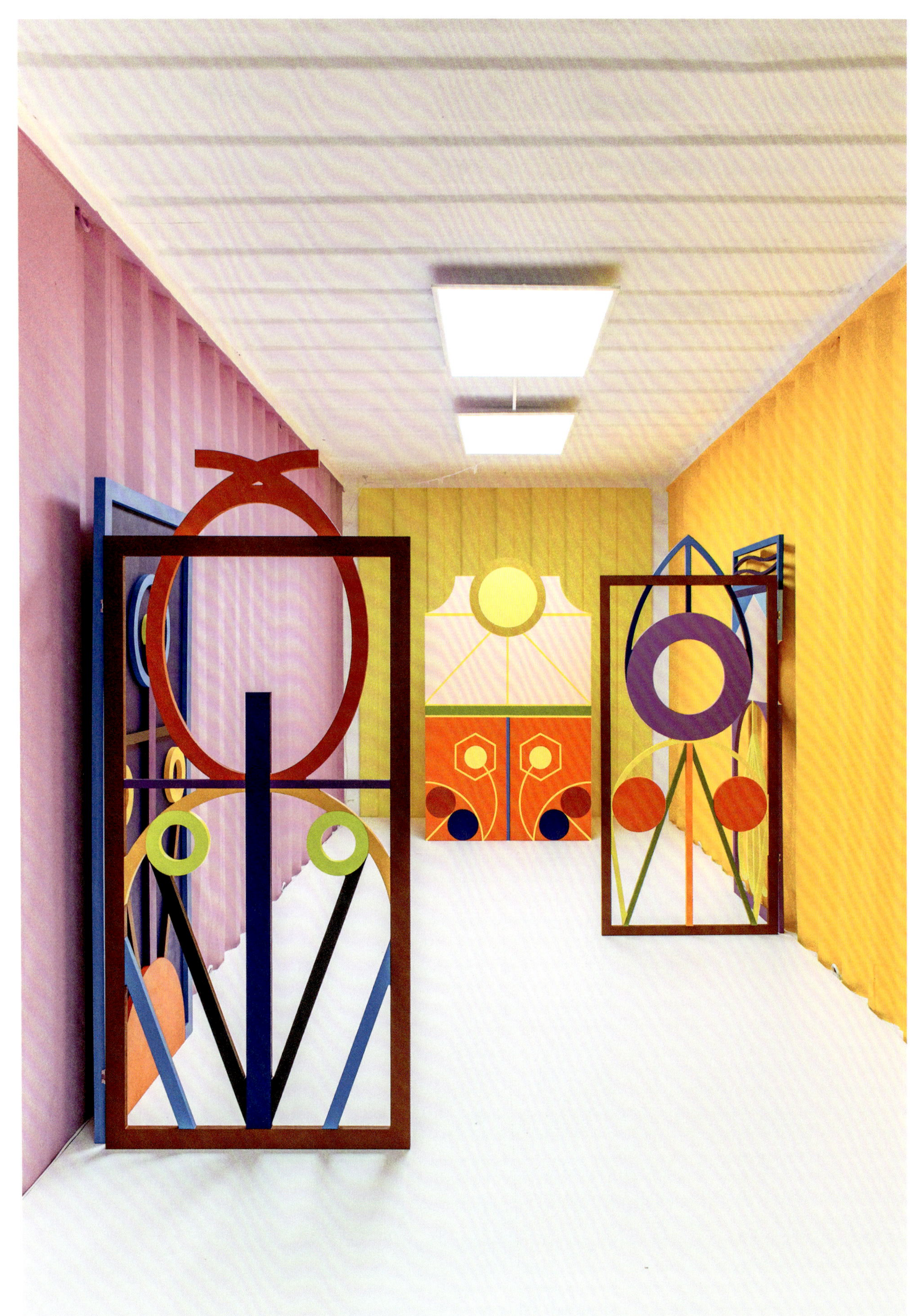

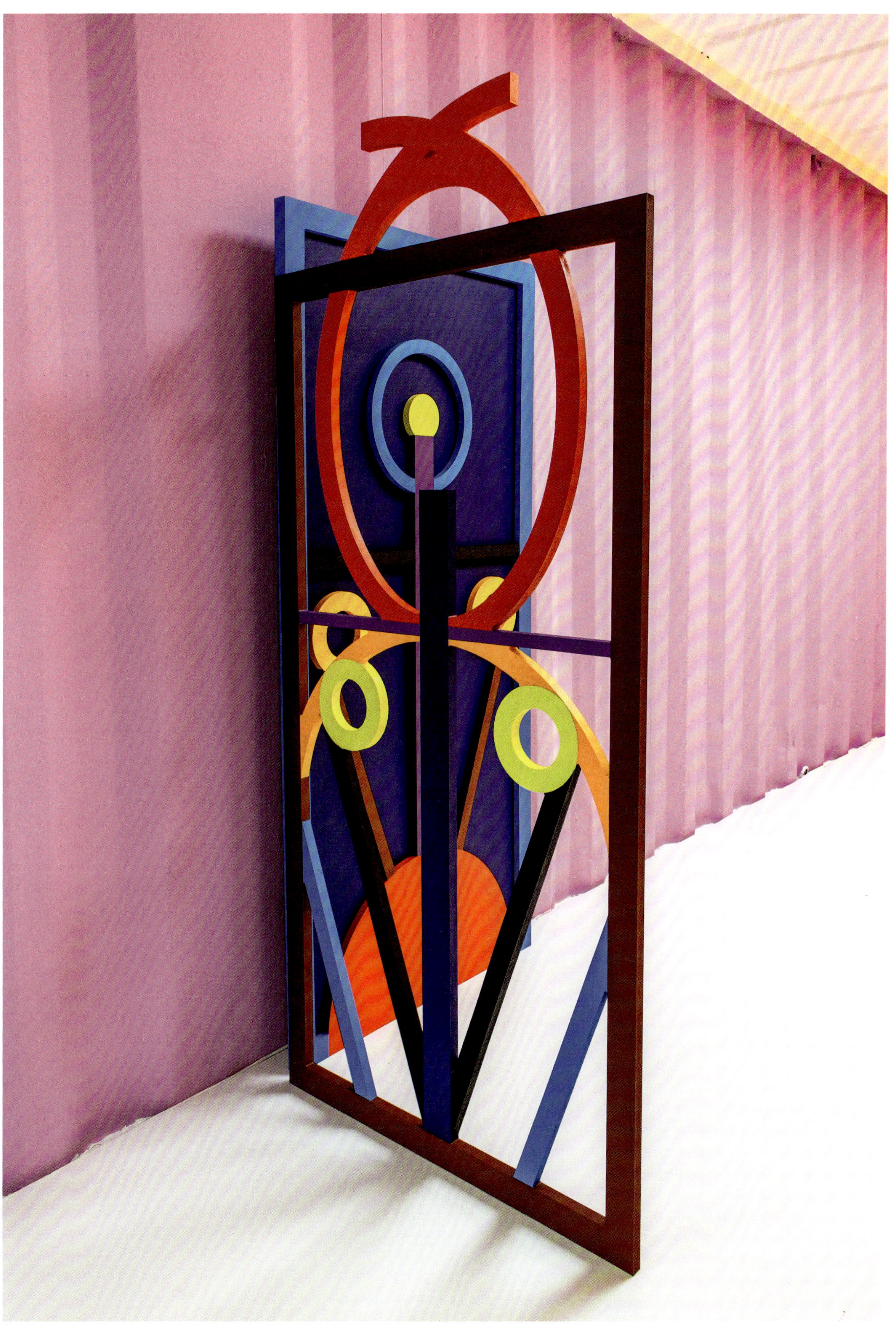

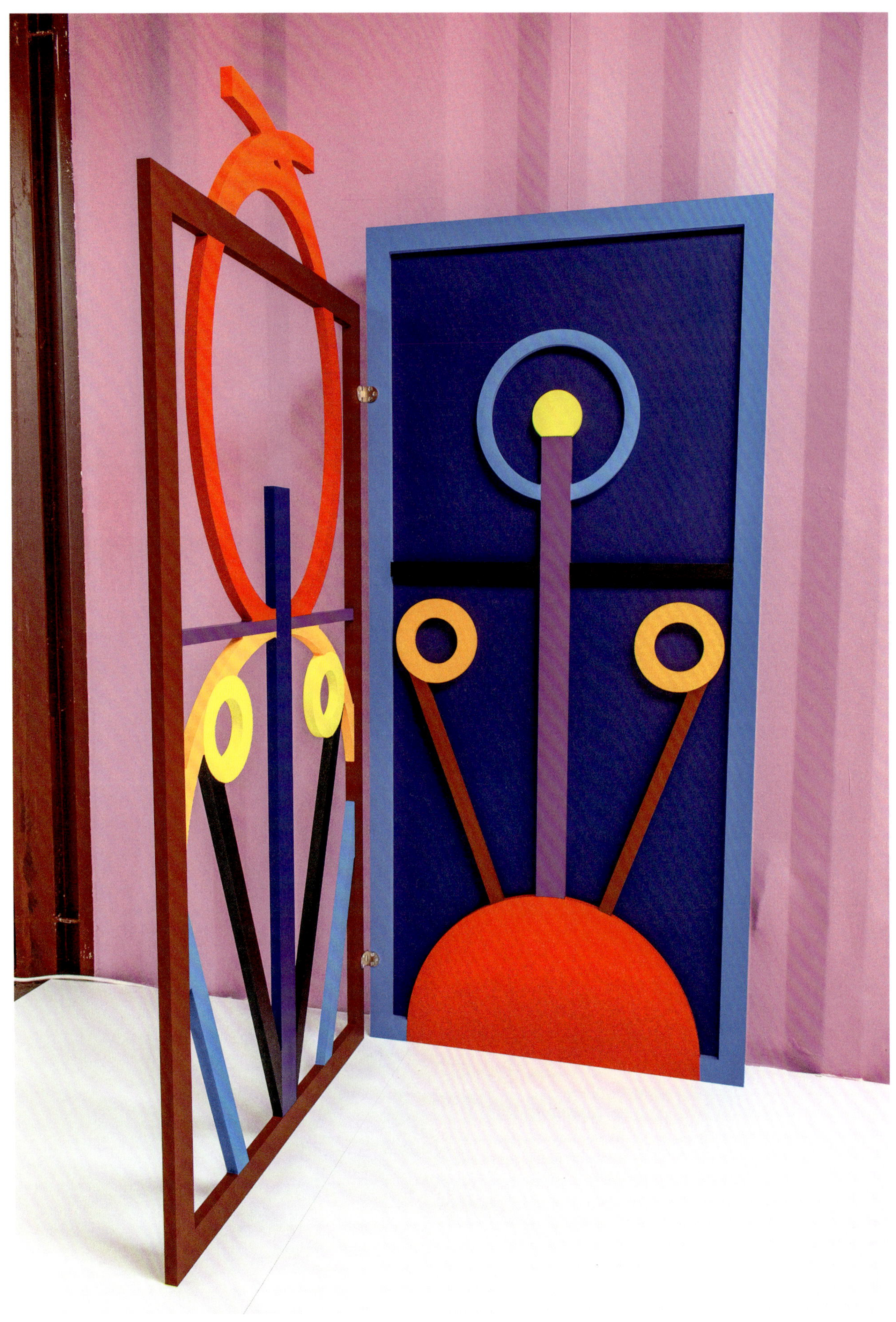

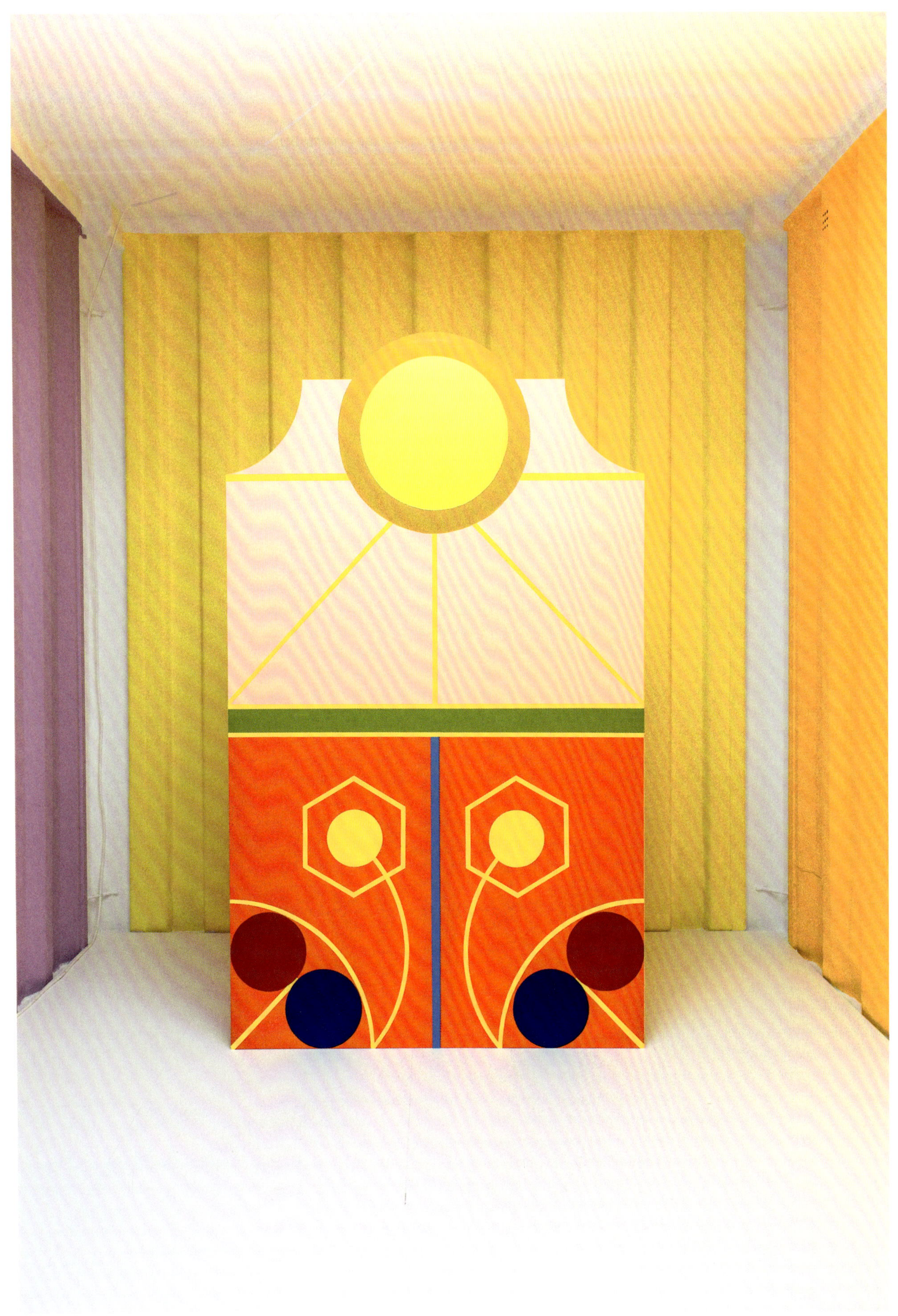

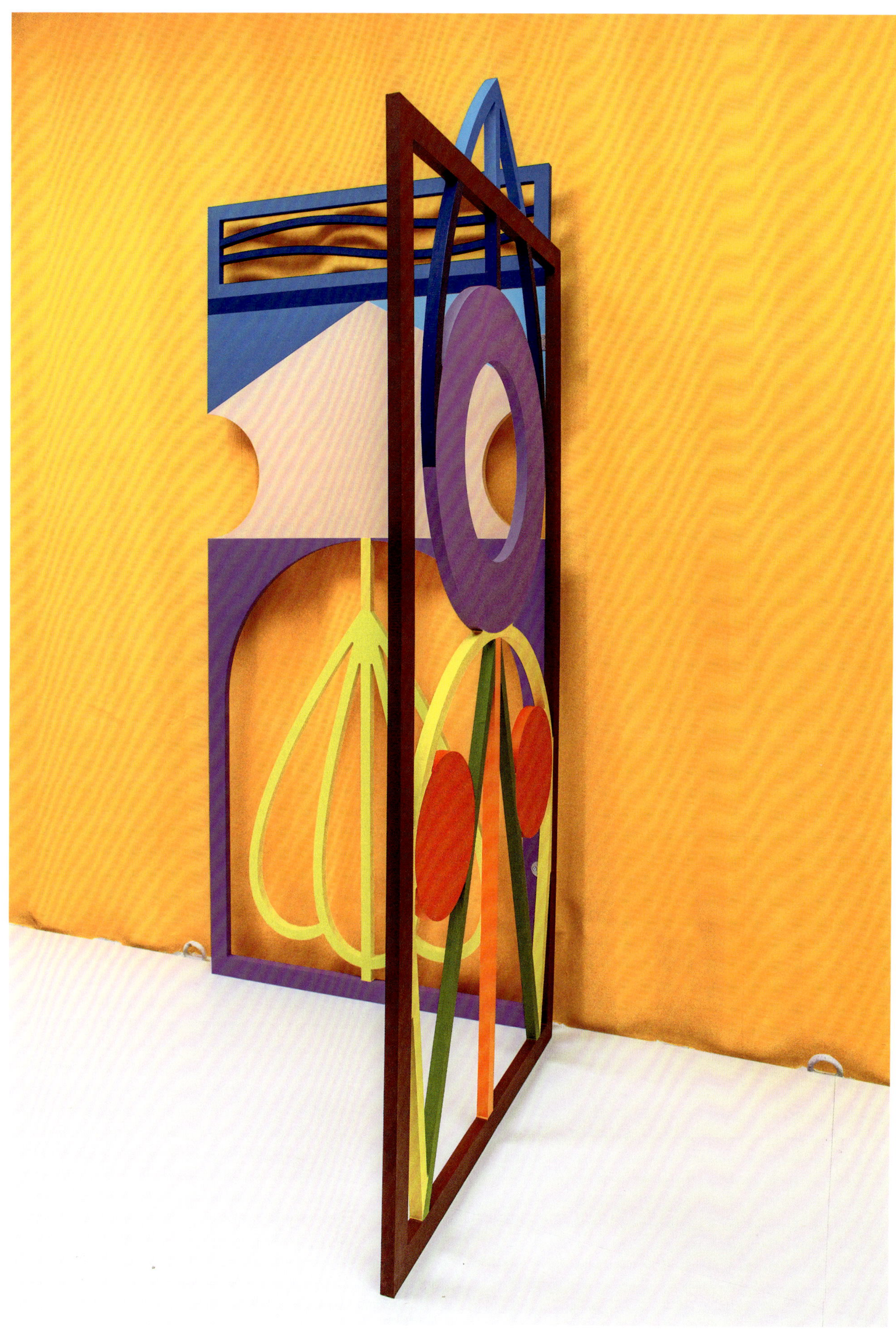

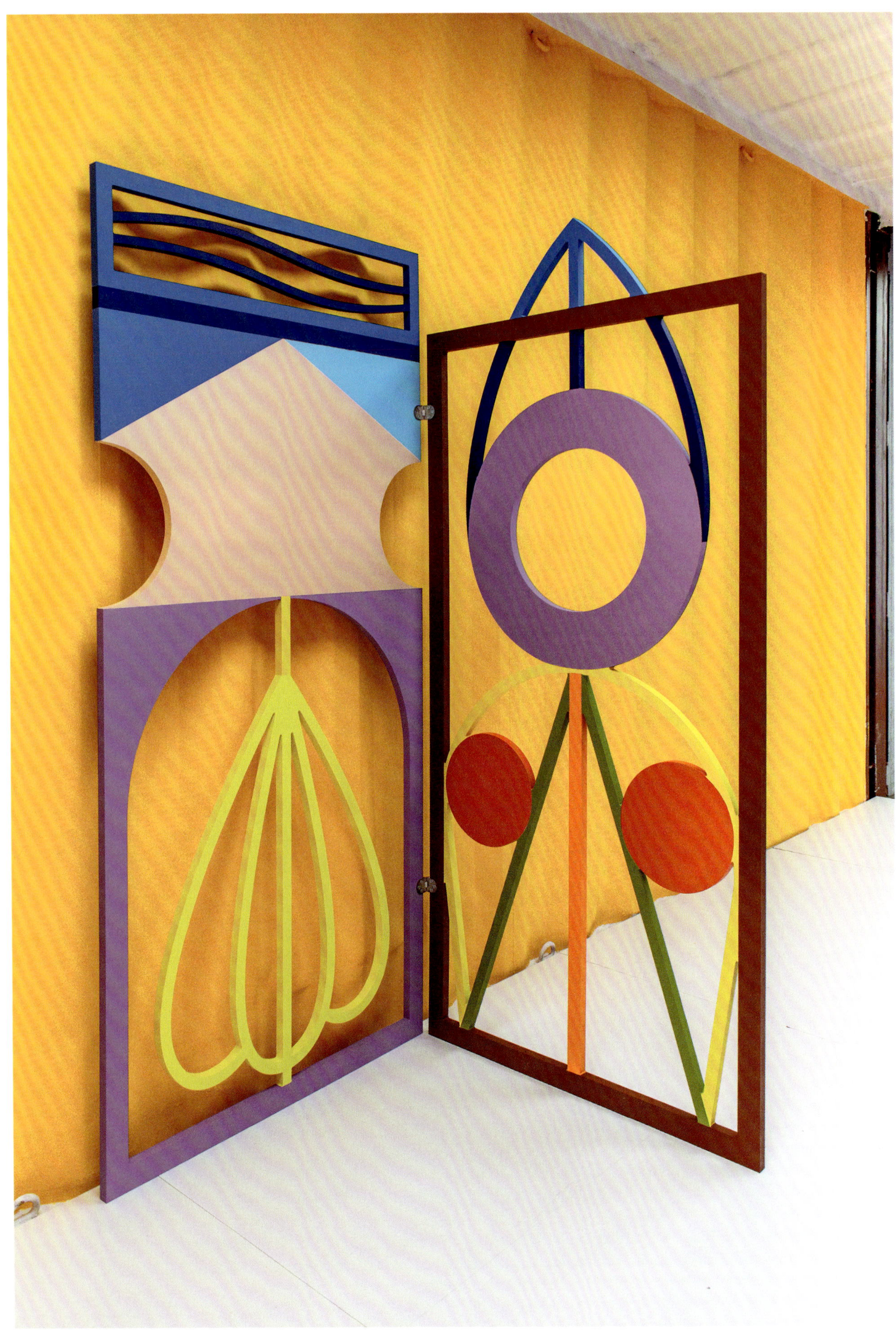

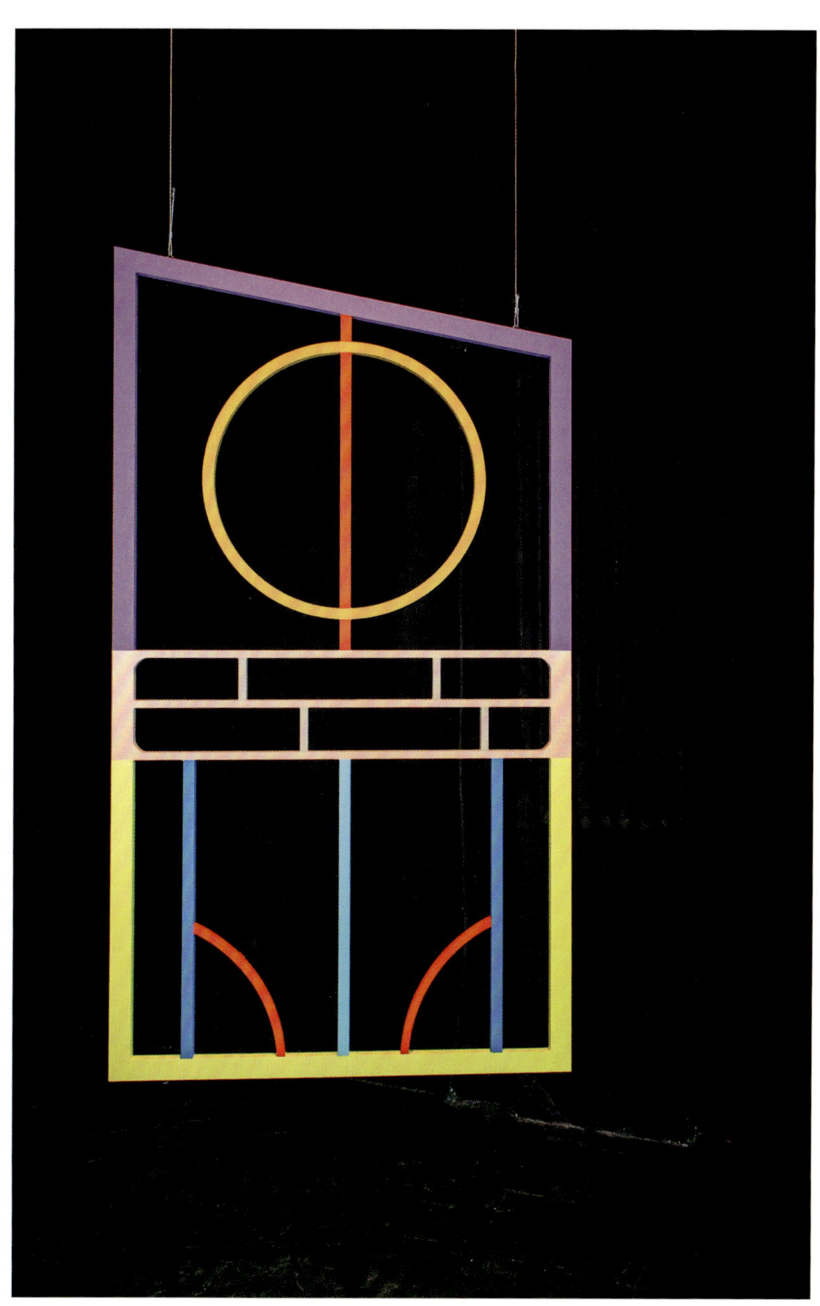

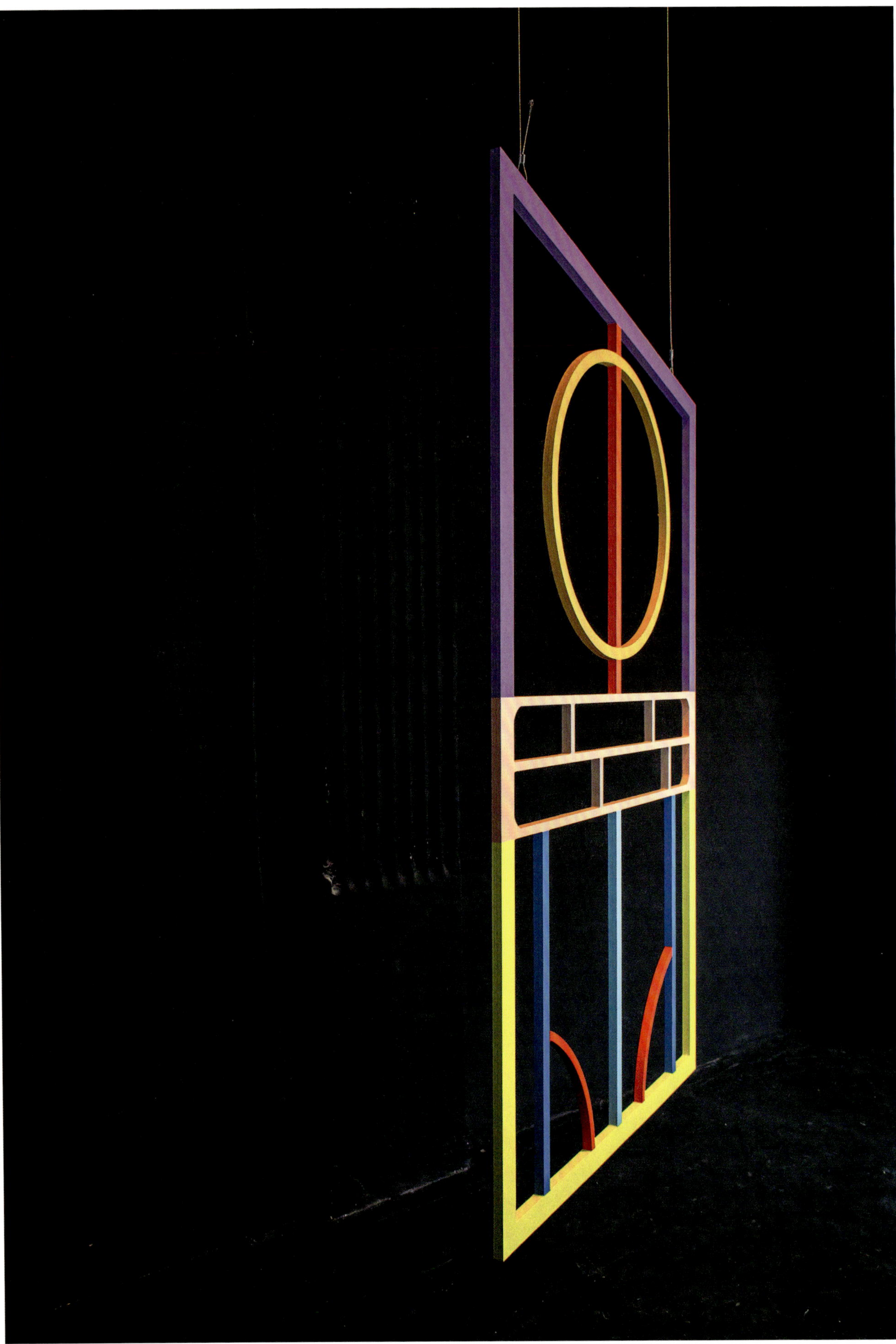

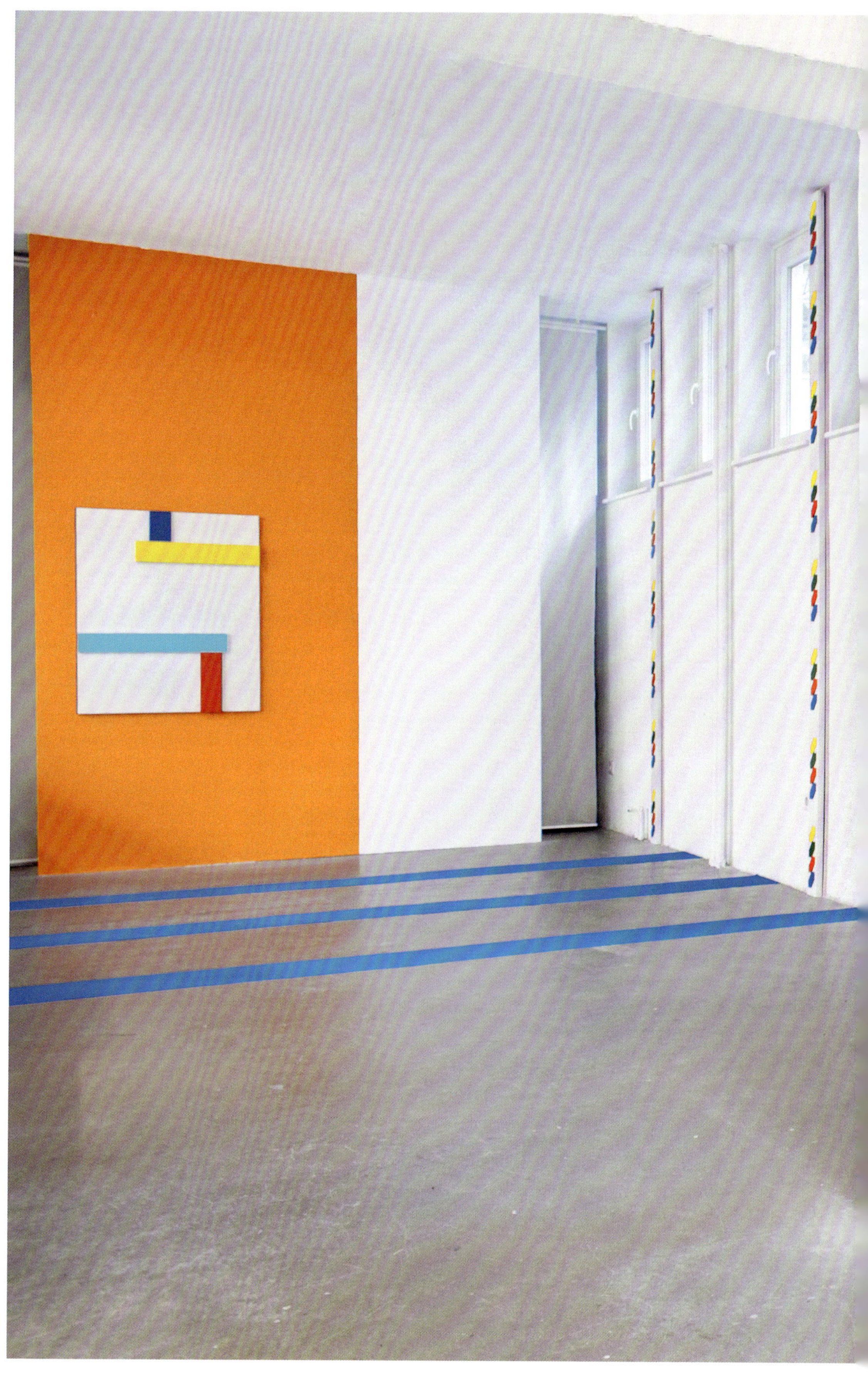

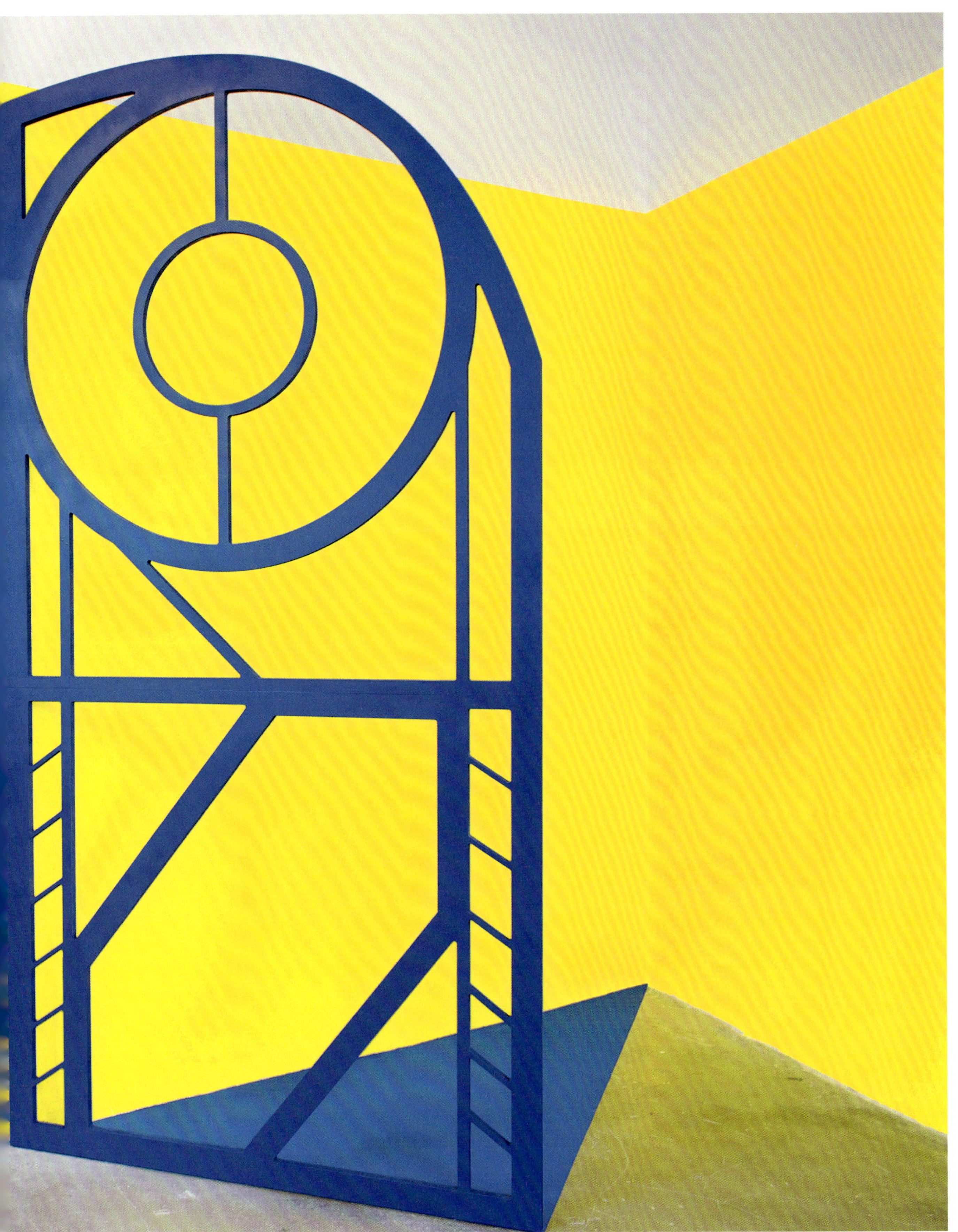

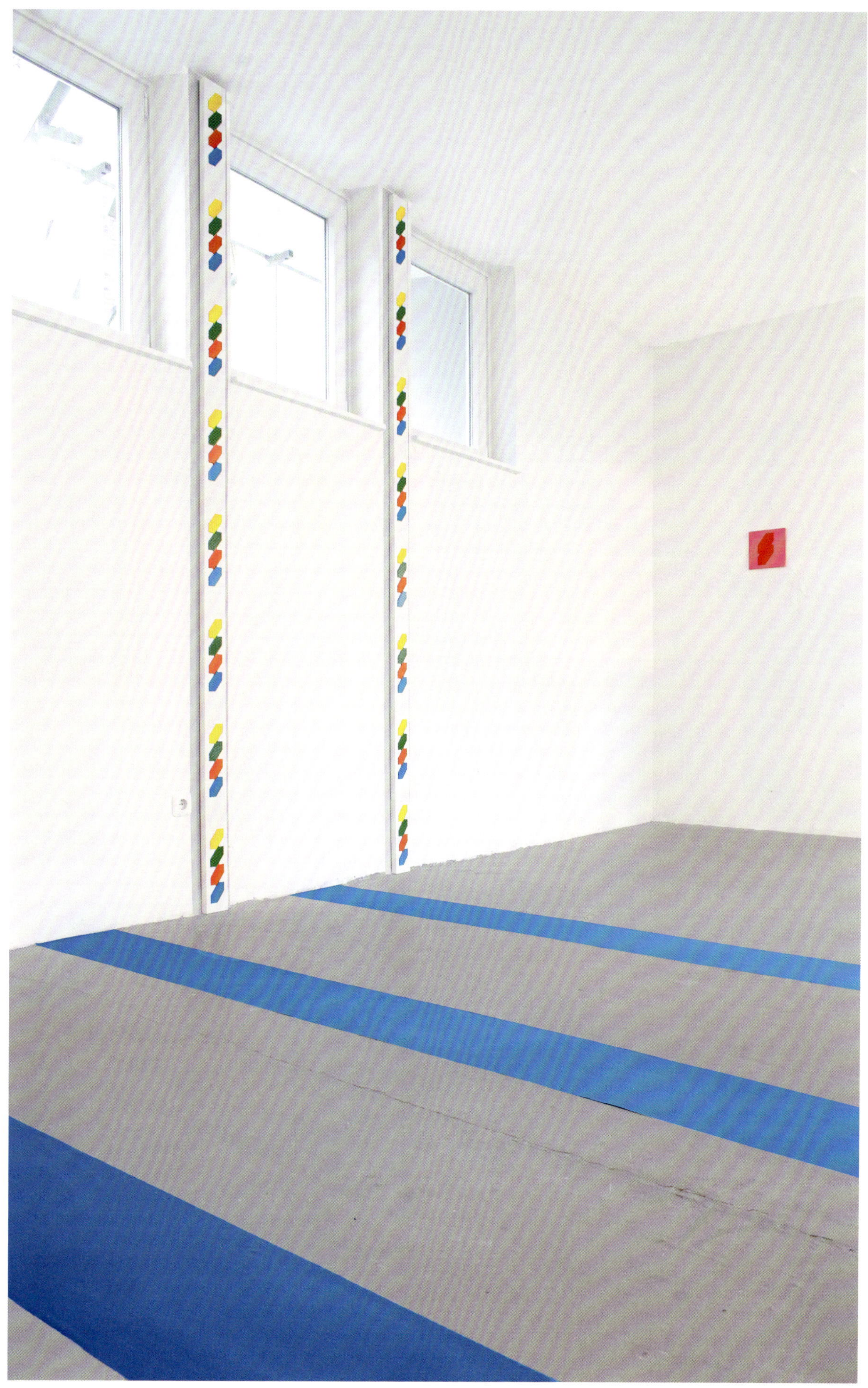

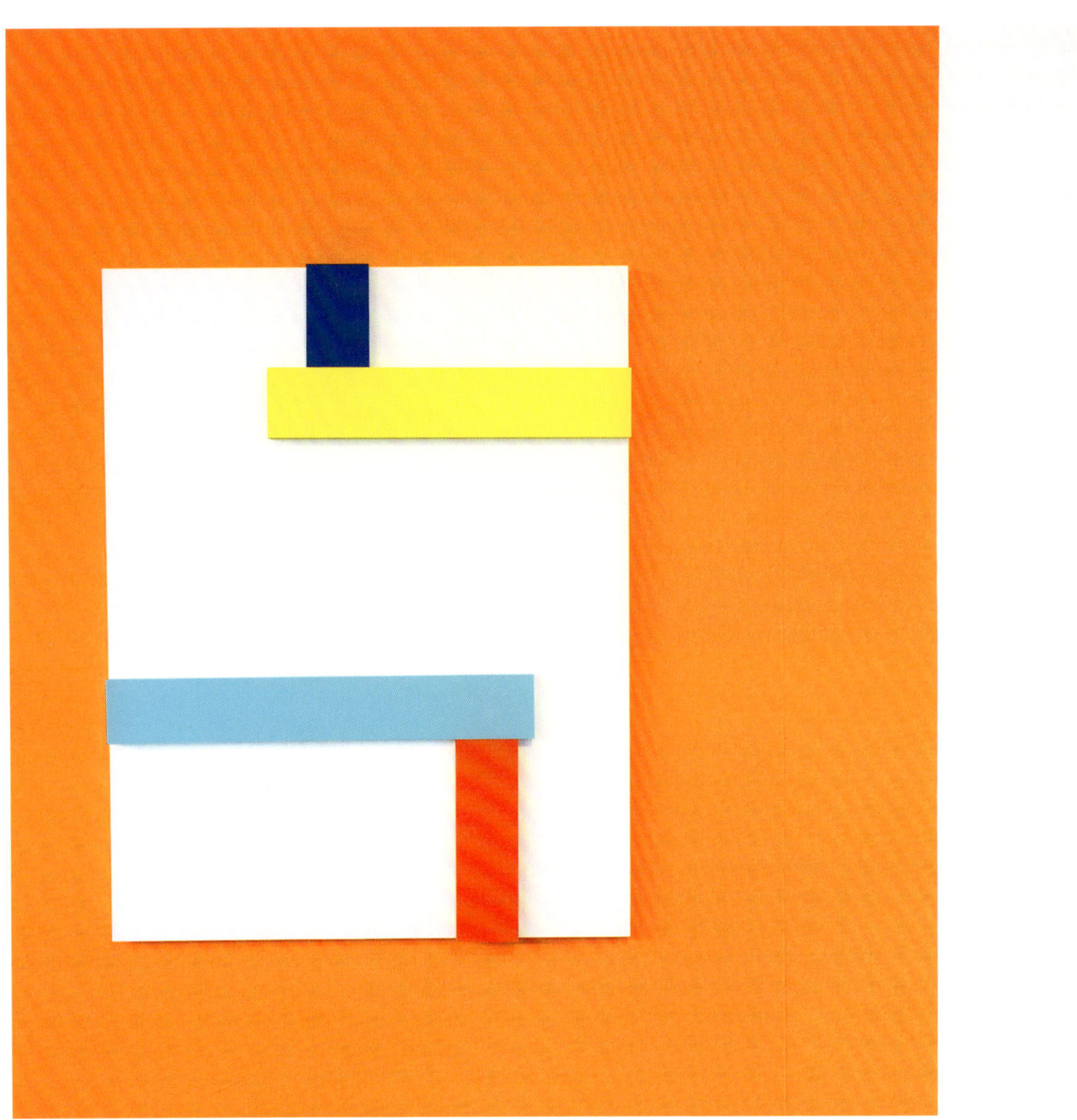

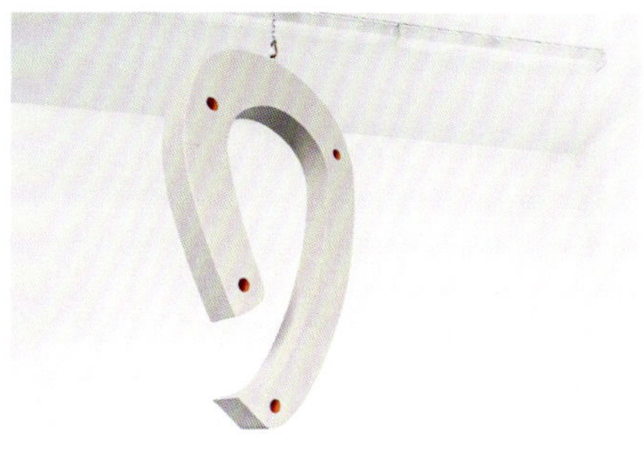

Bogen

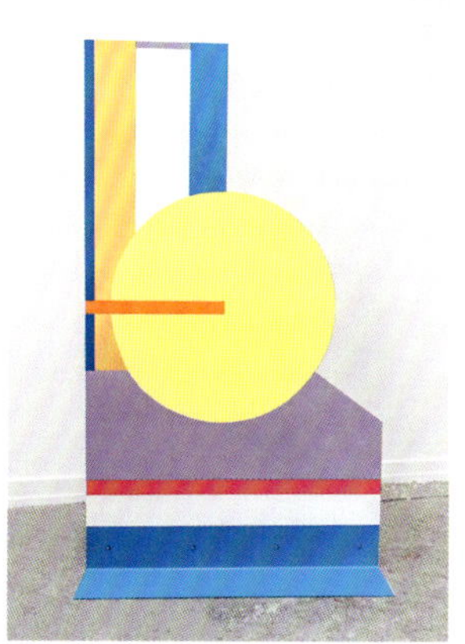

Geometric Imagery Sculpture

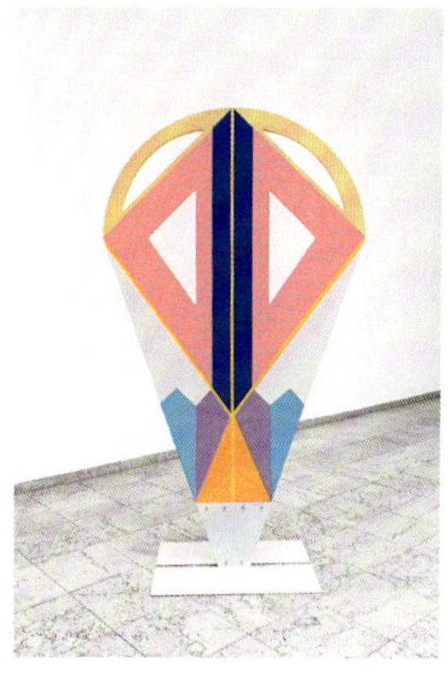

Ballon

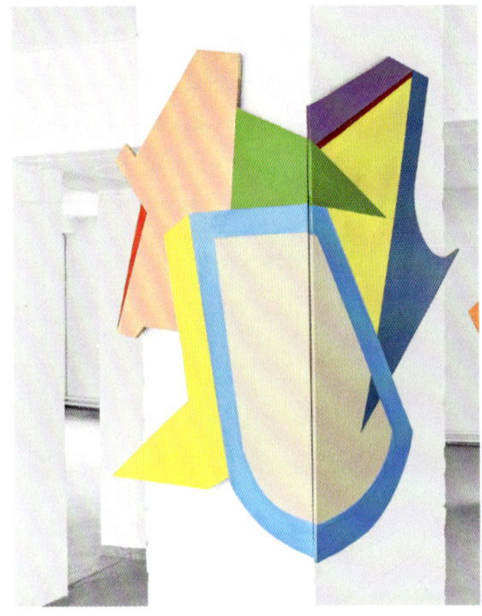

Um die Ecke

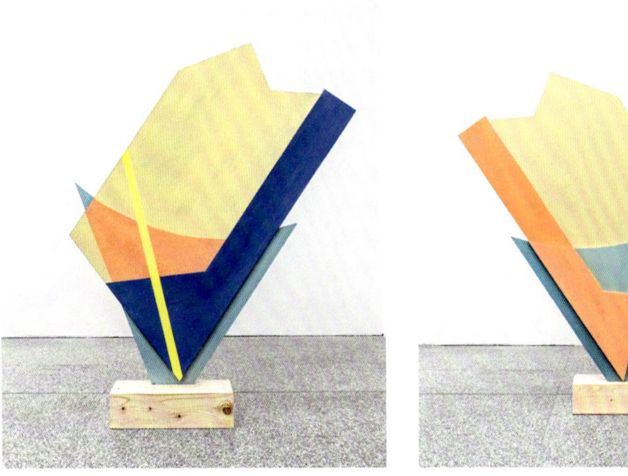

Check!

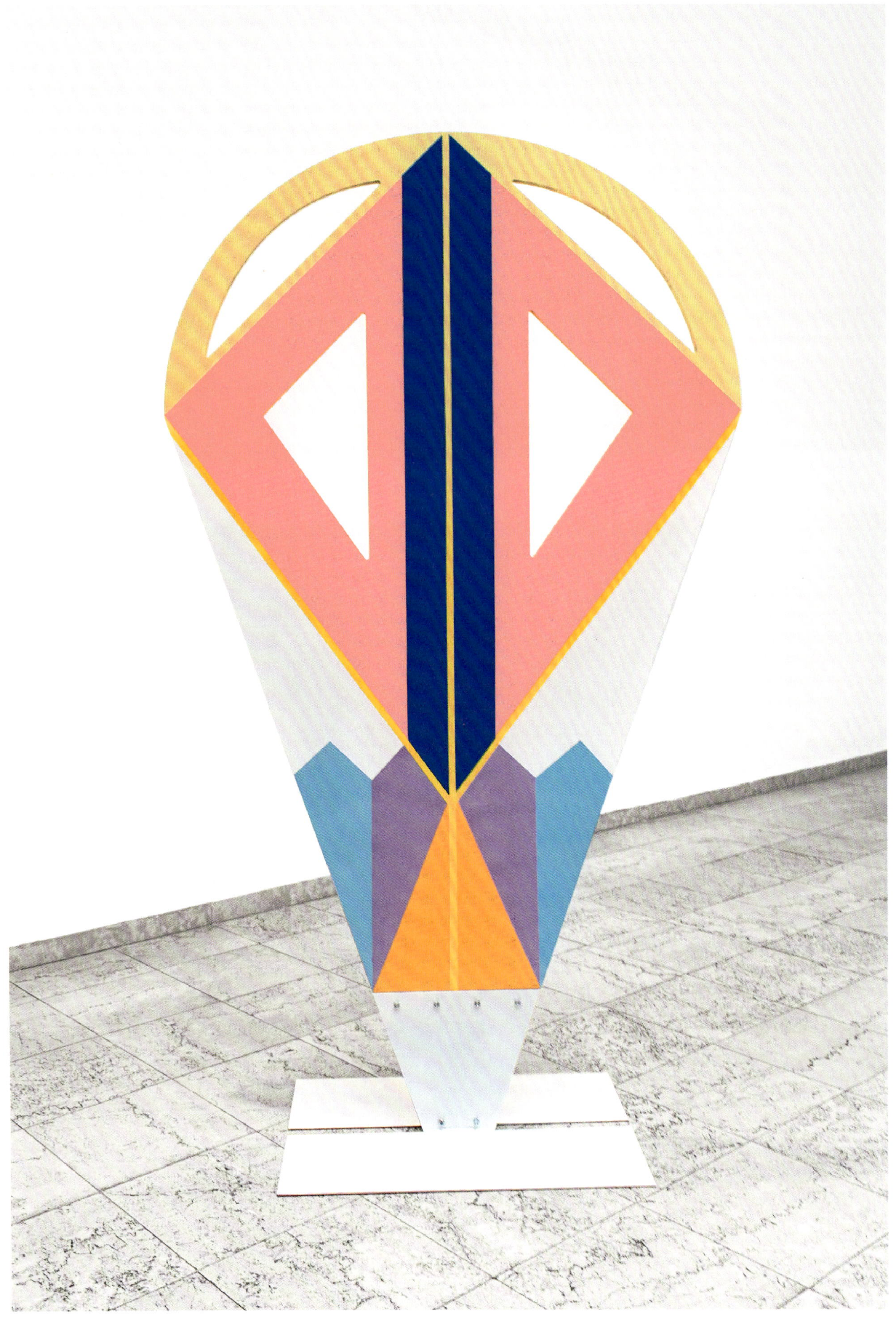

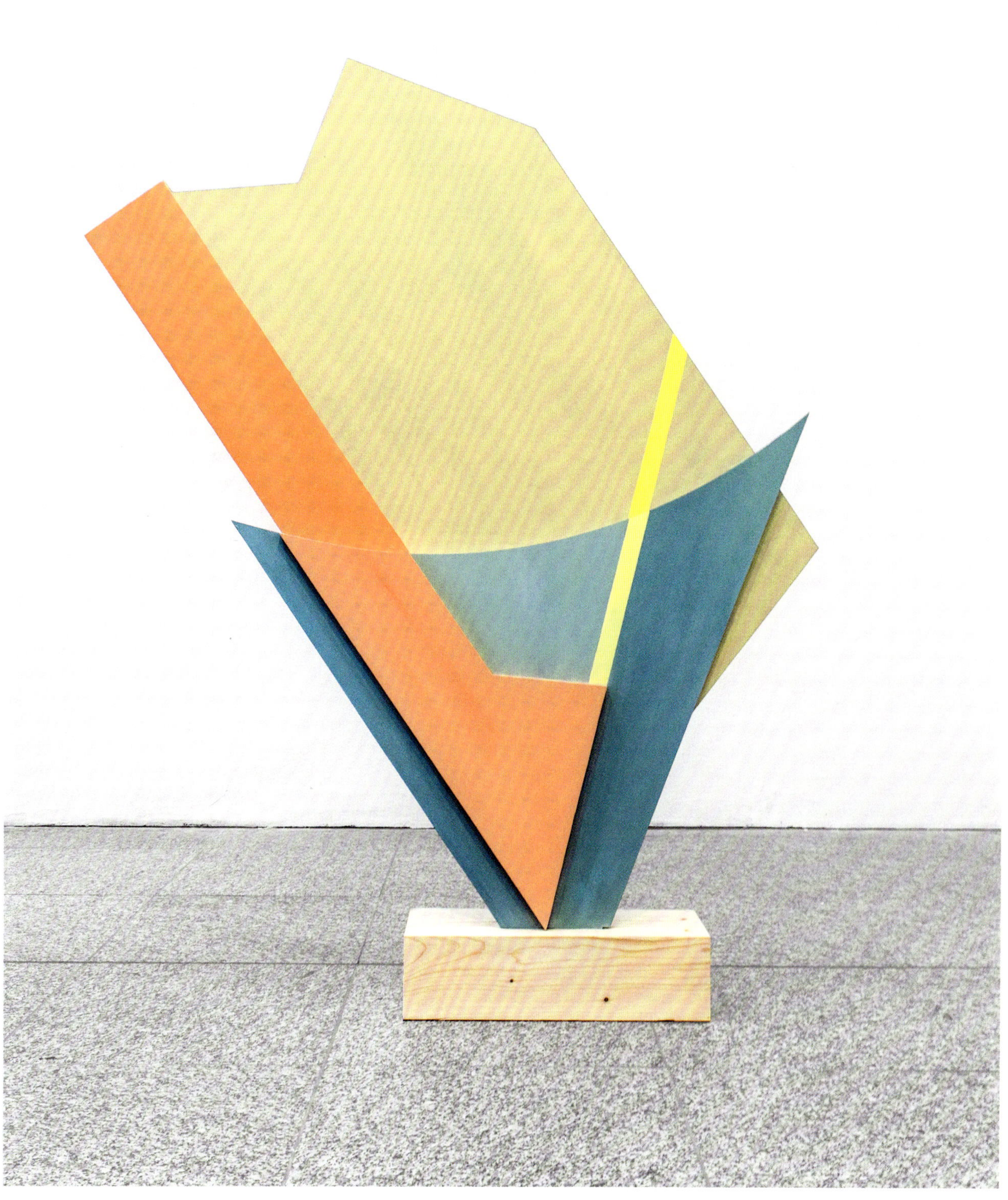

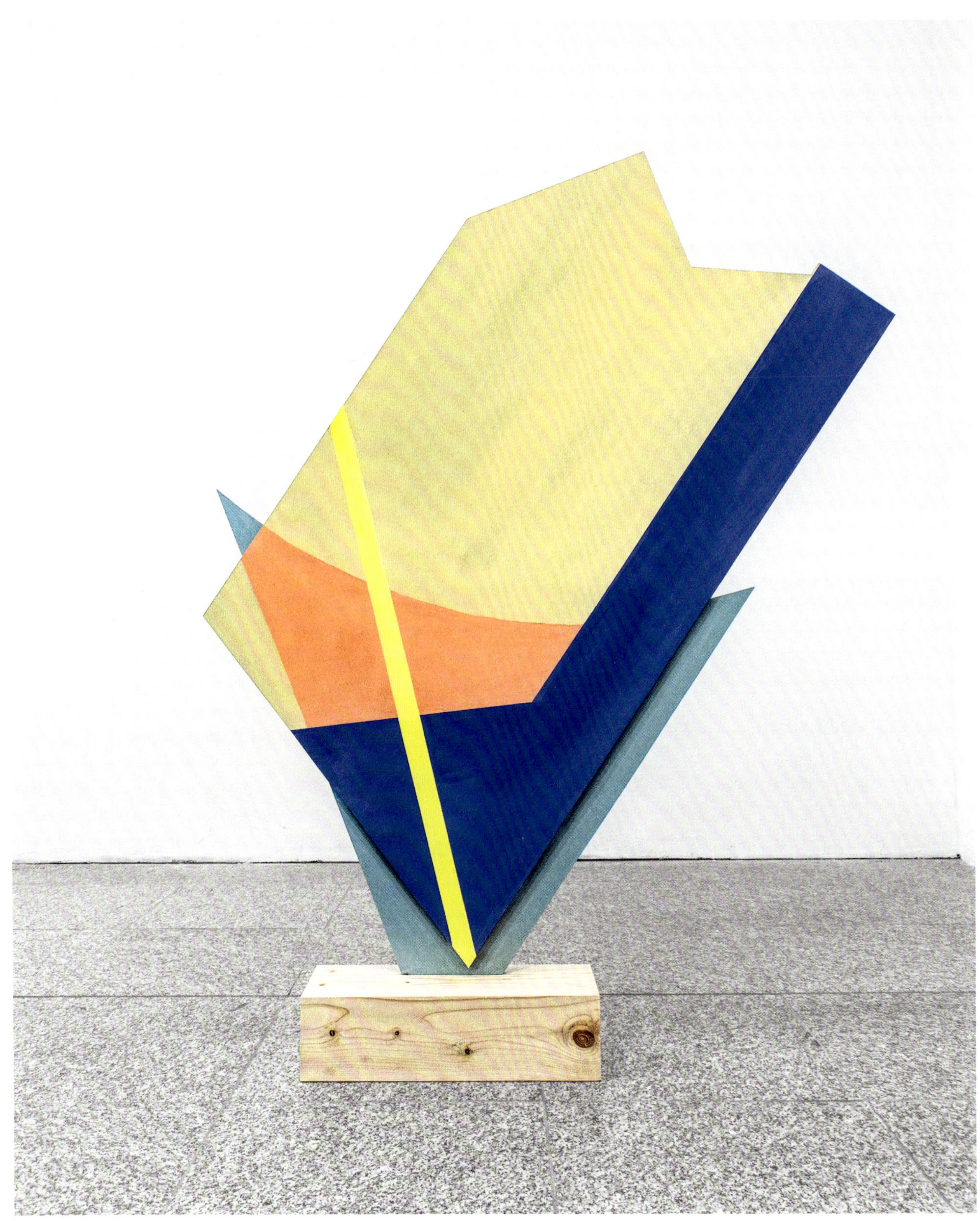

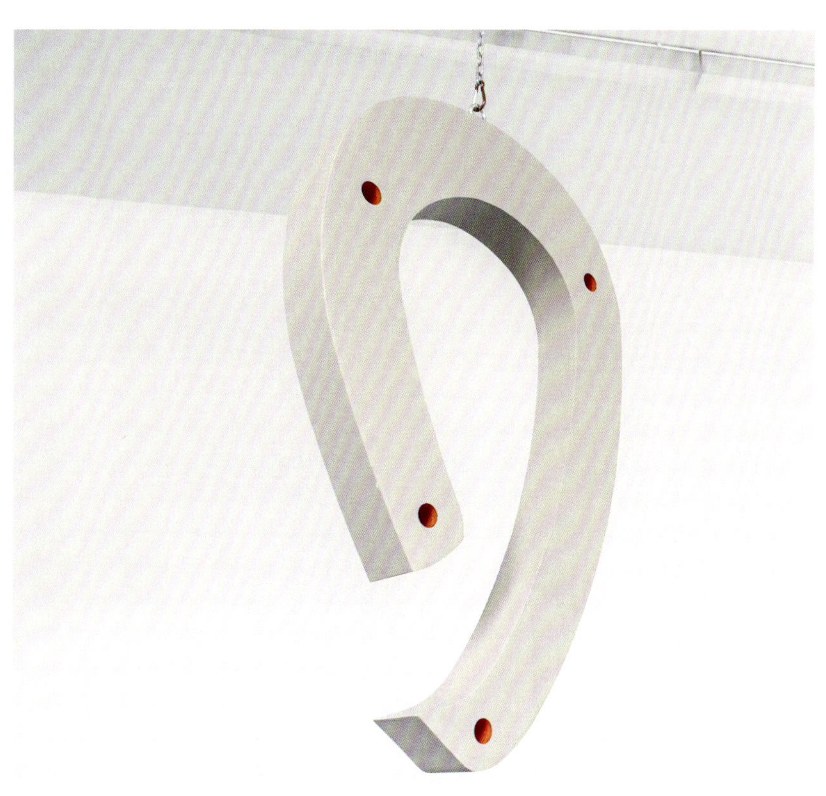

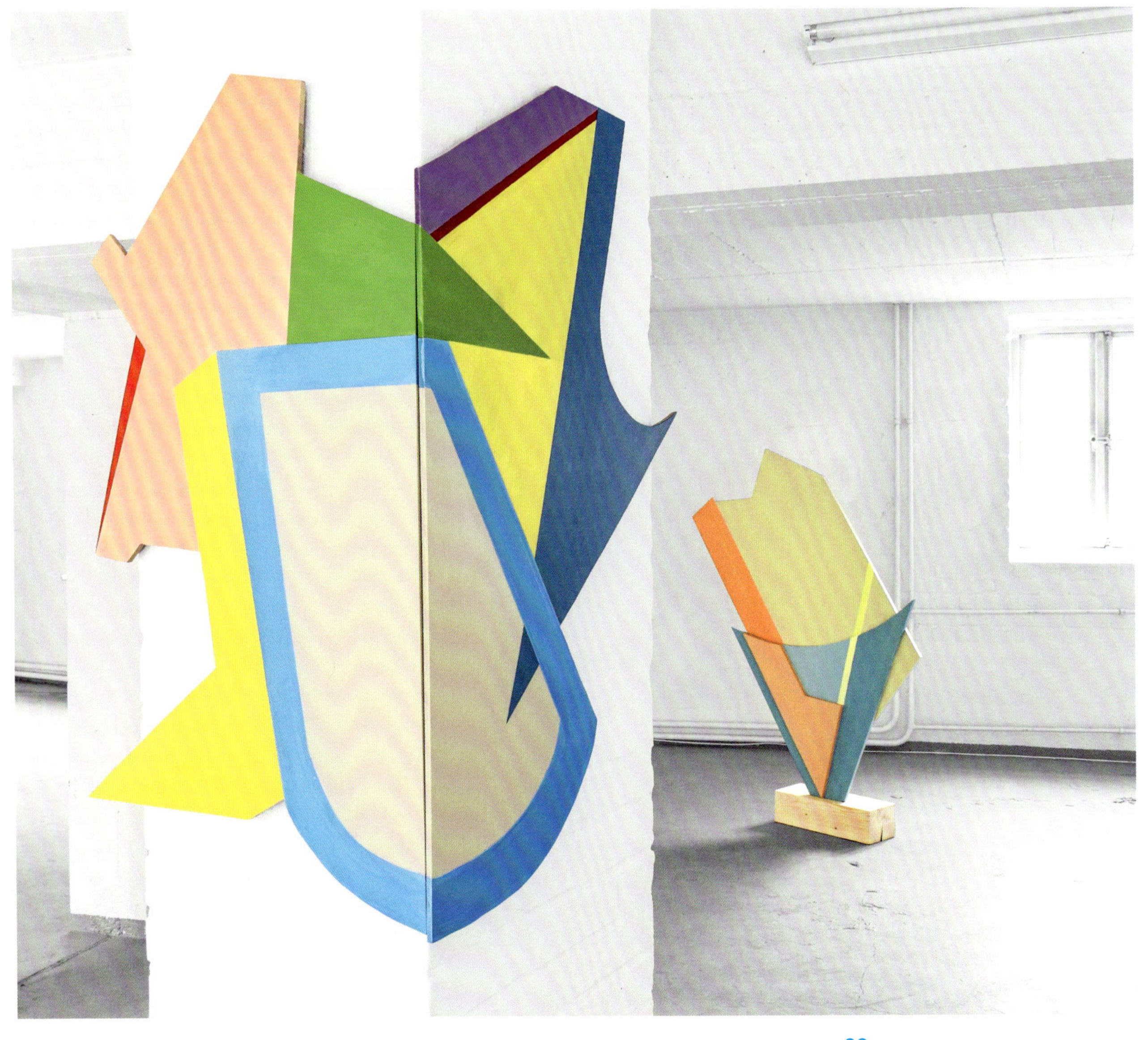

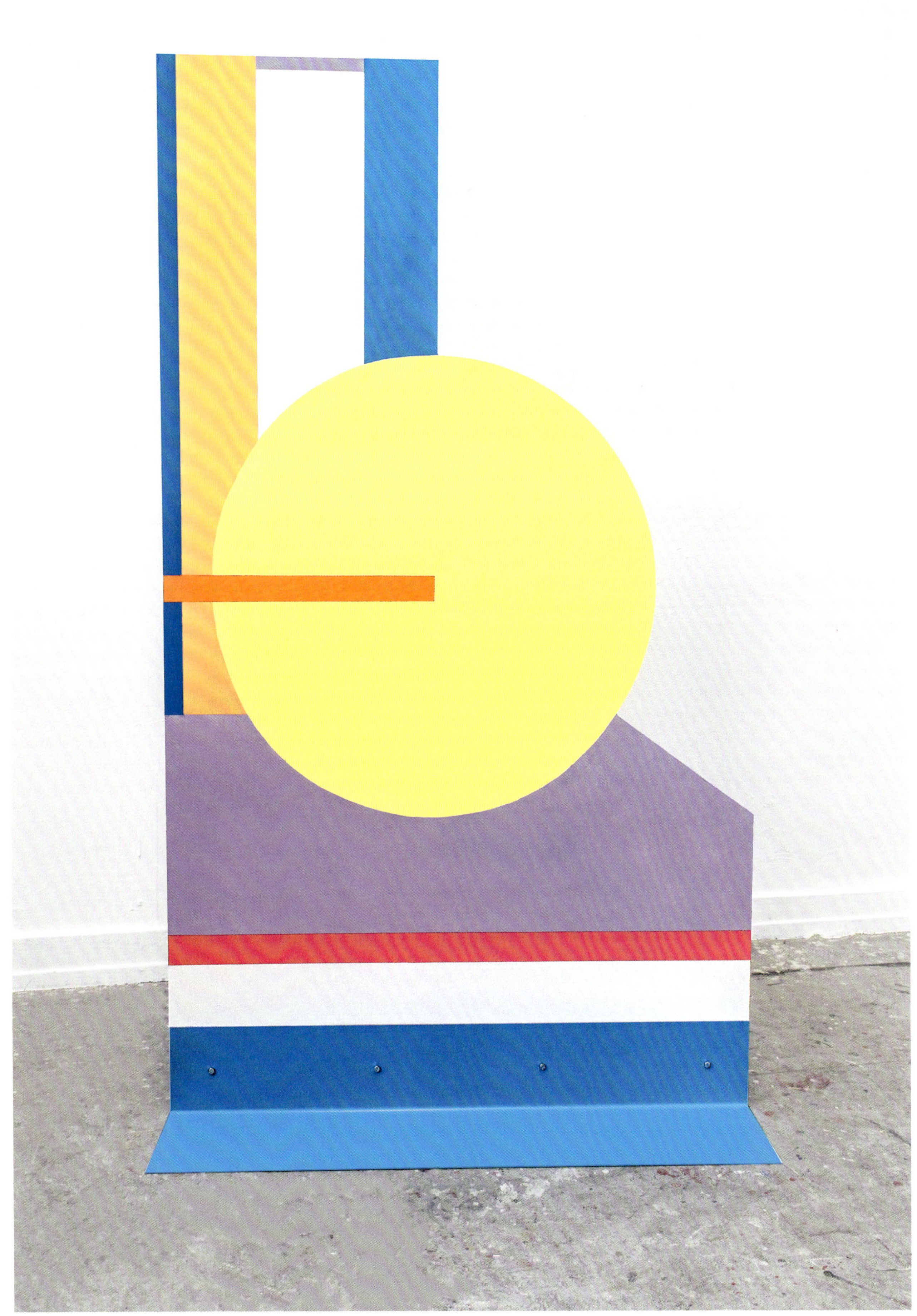

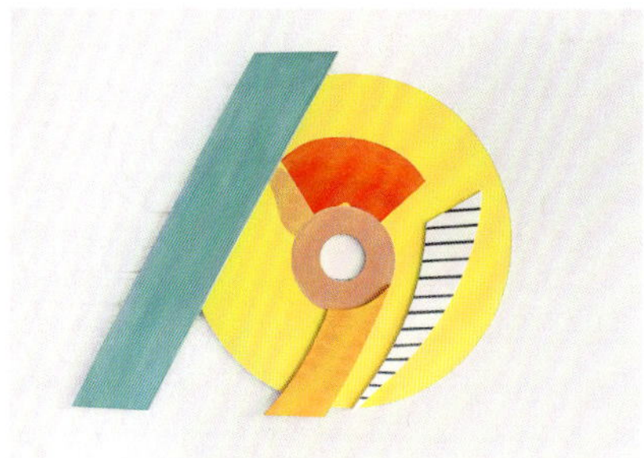

Porträt der Sonne

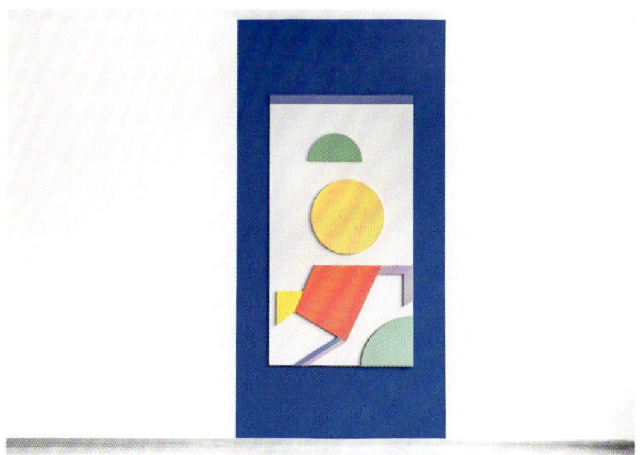

Untitled (Emblemata)

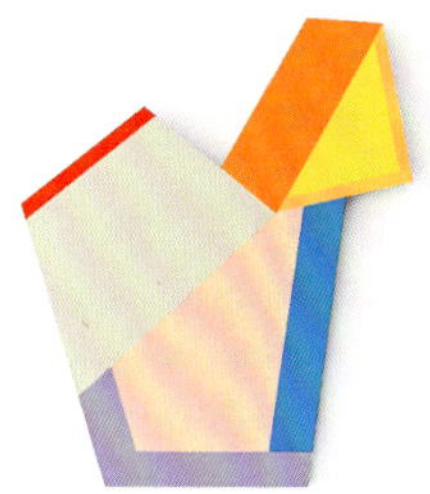

Untitled

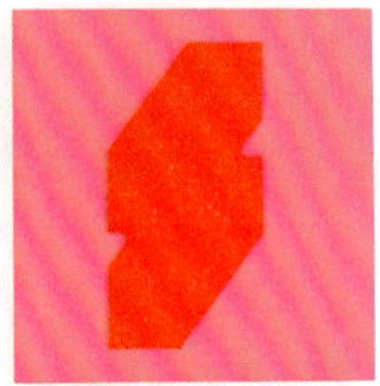

Ornament

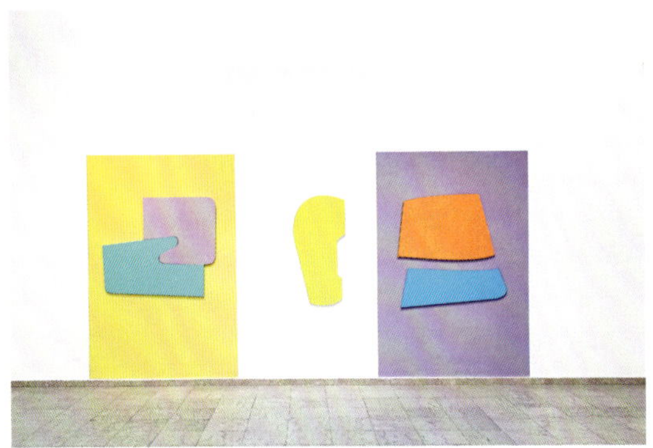

Physical Conditions

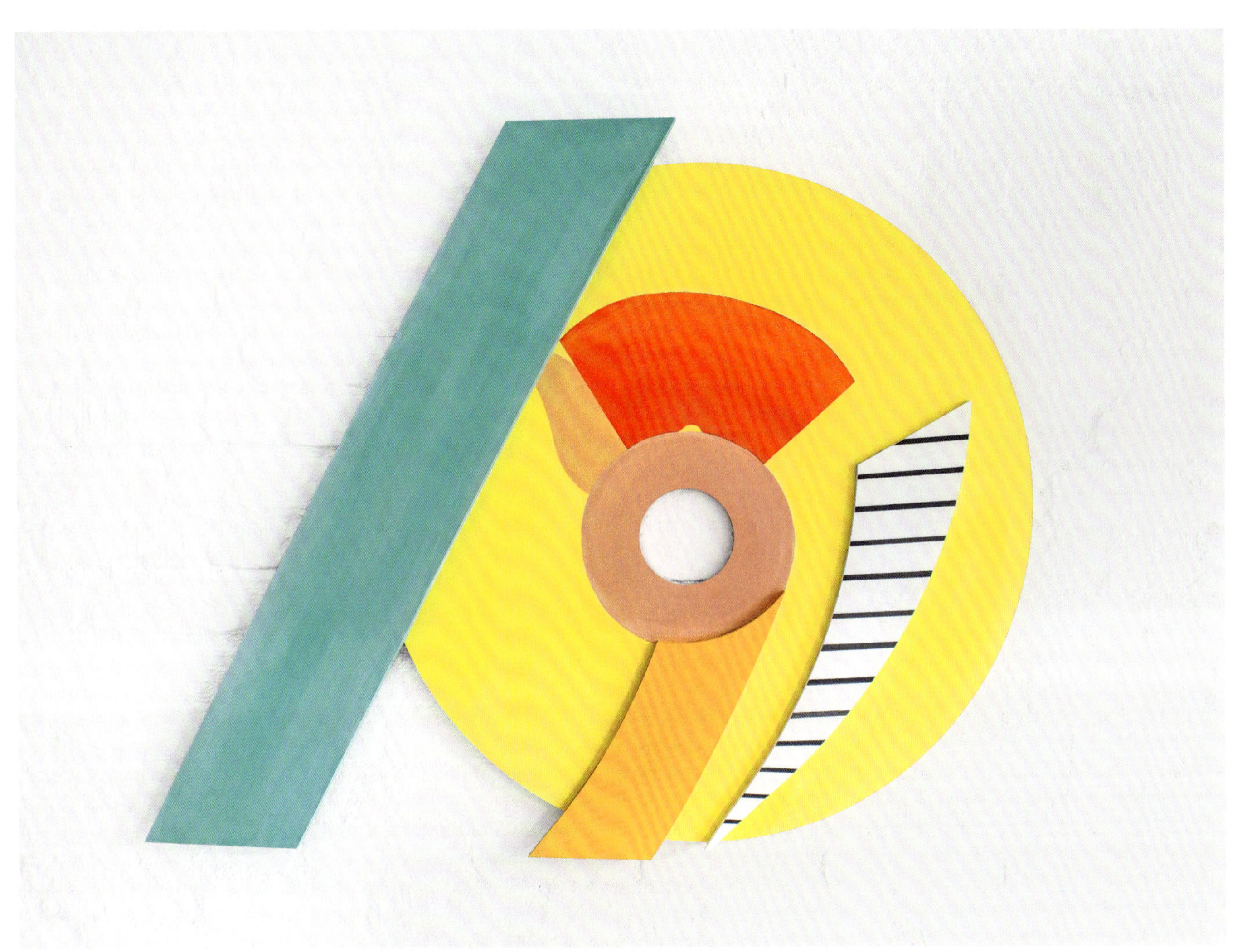

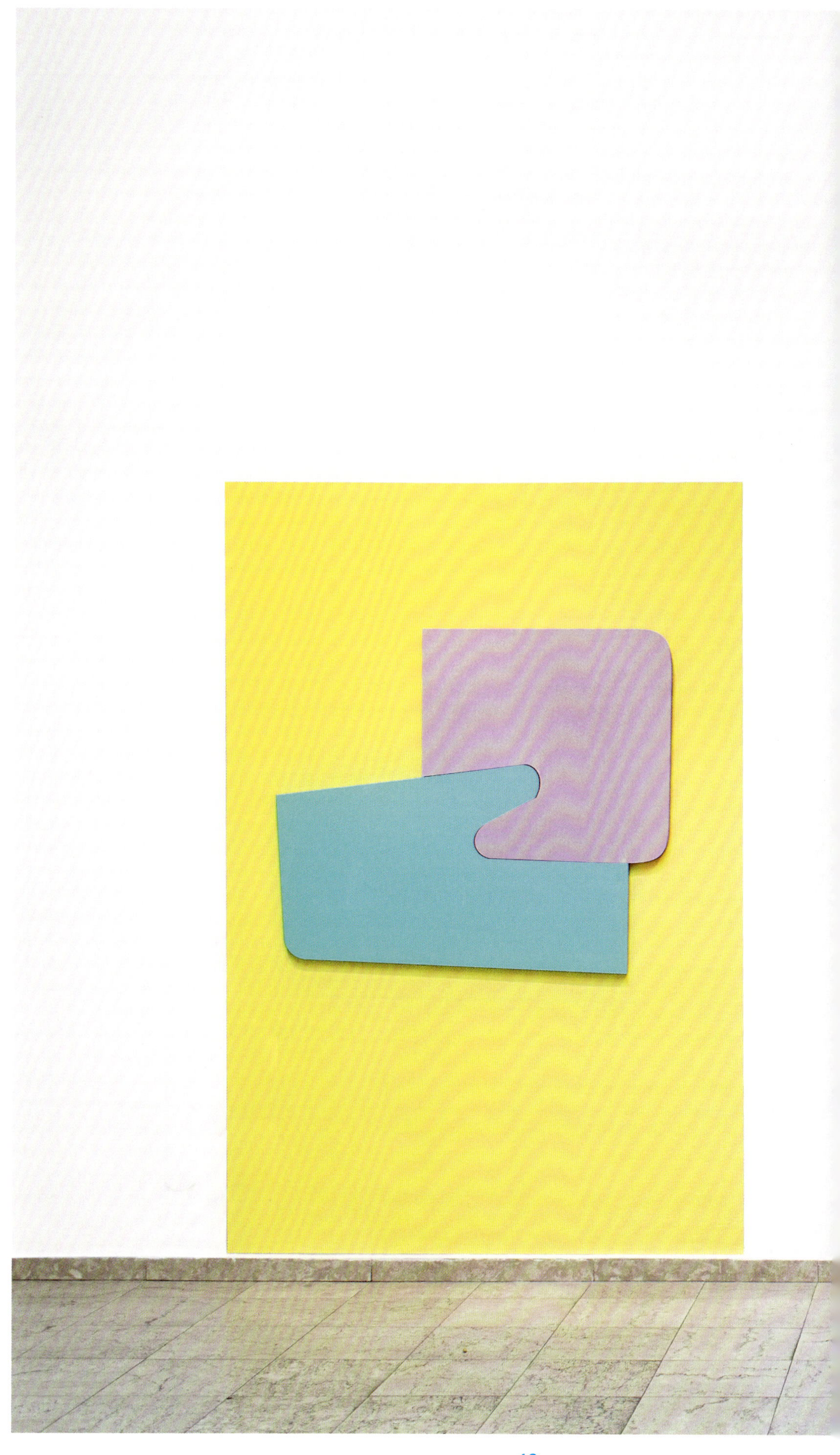

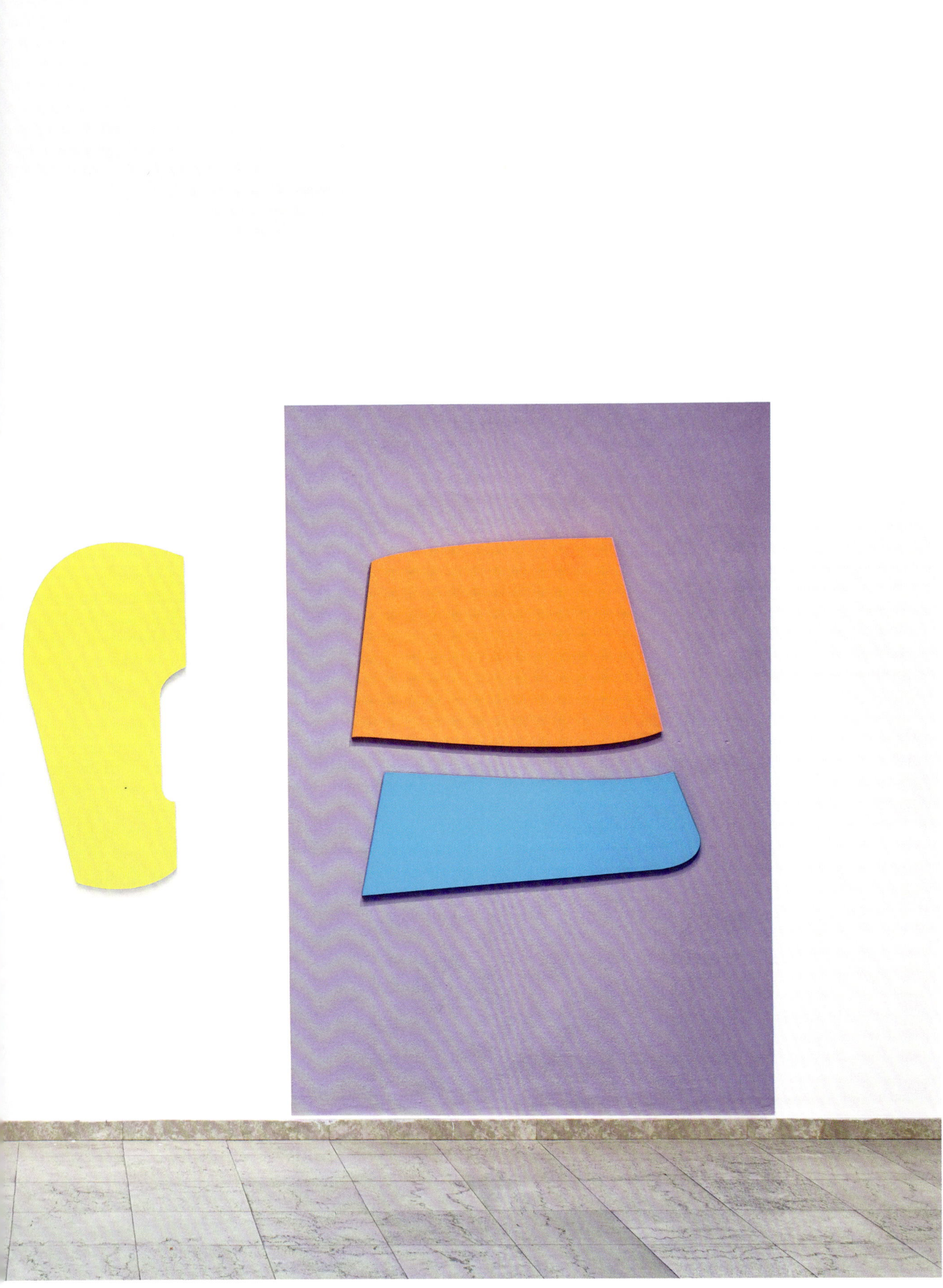

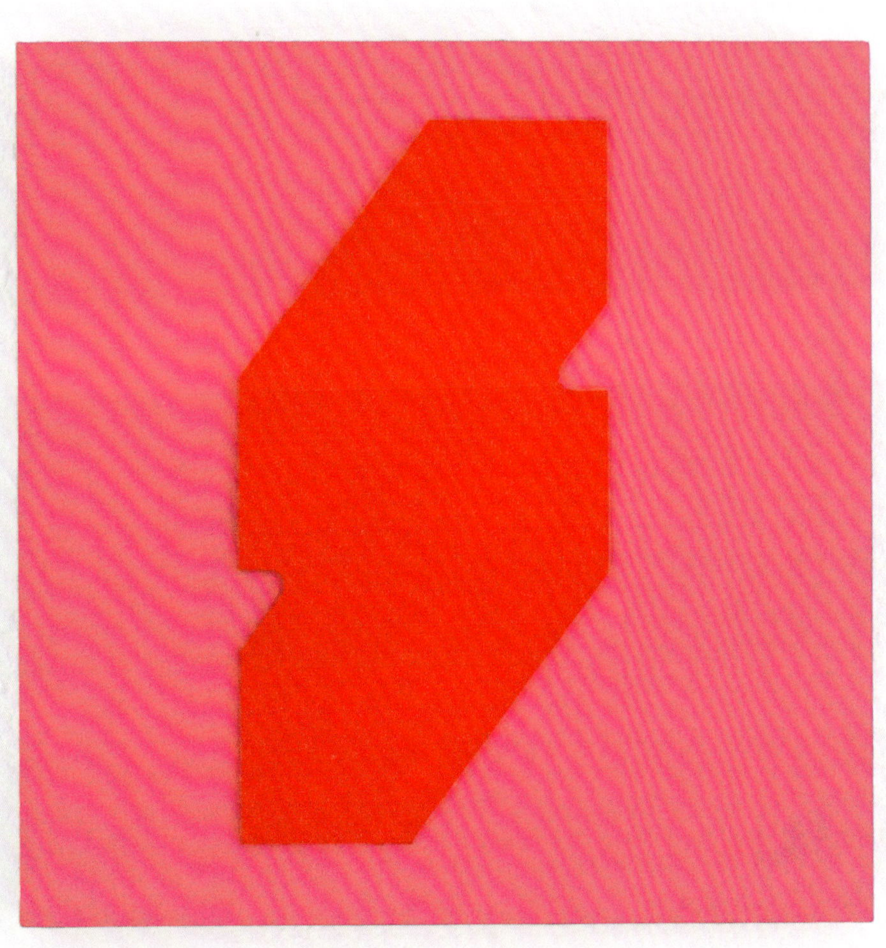

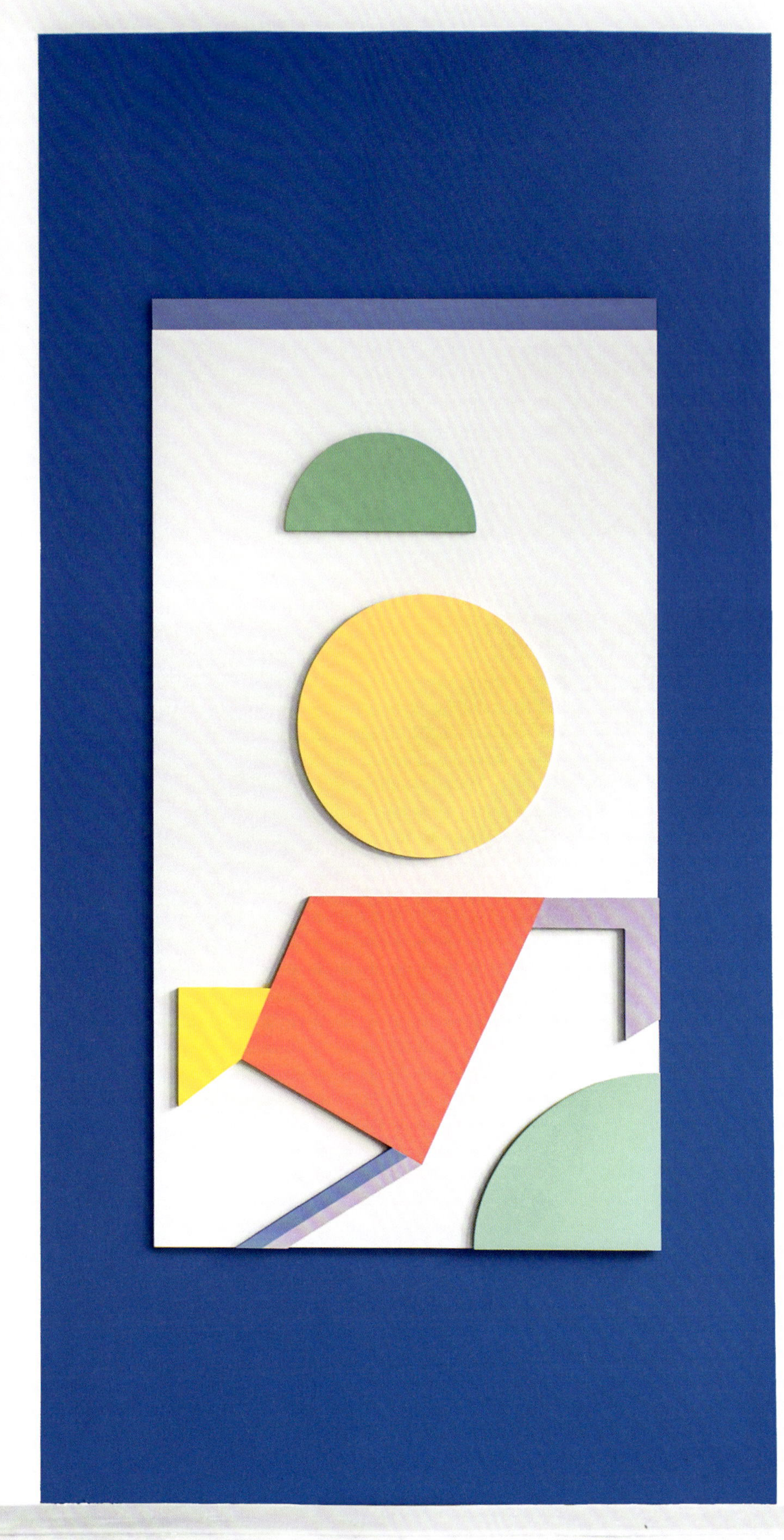

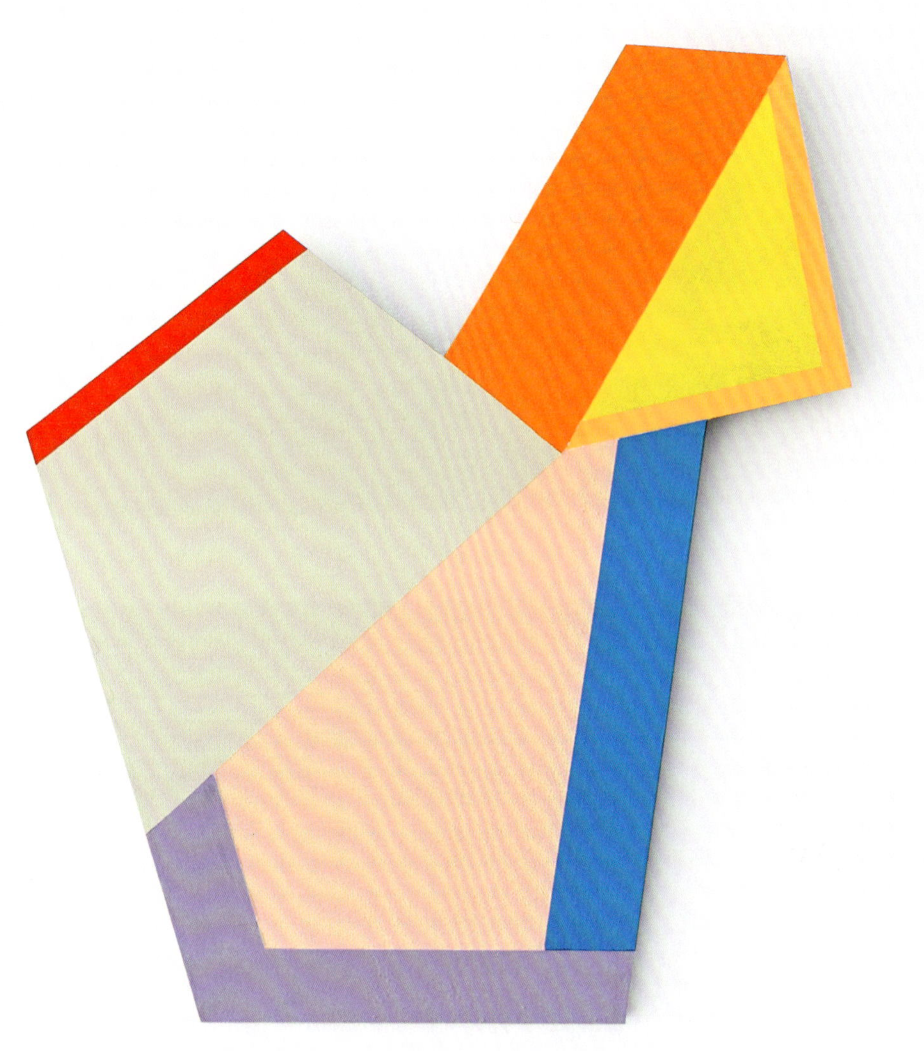

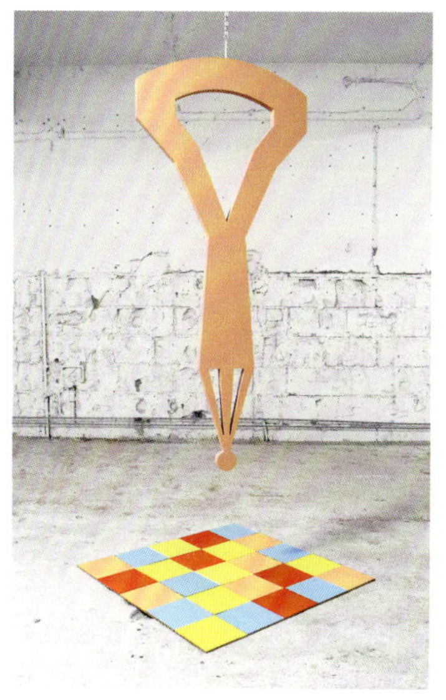

The Queen

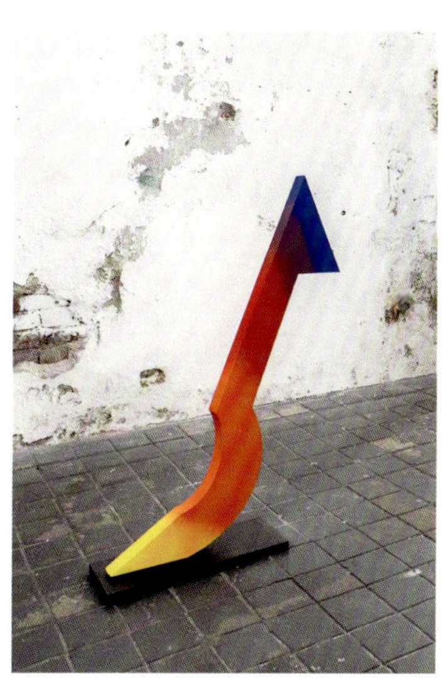

Vor dem letzten Moment

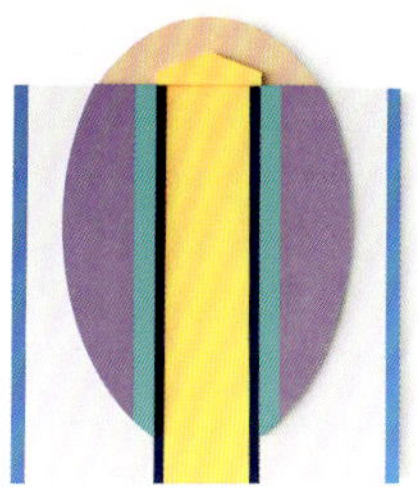

Emblem II

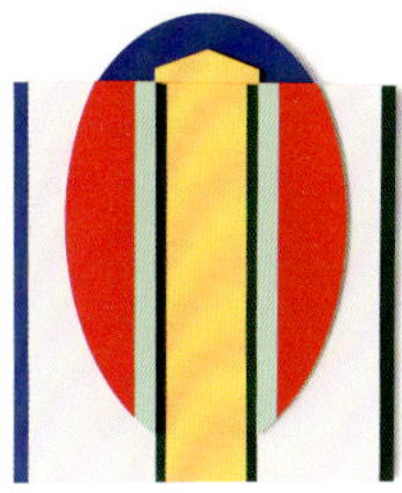

Emblem I

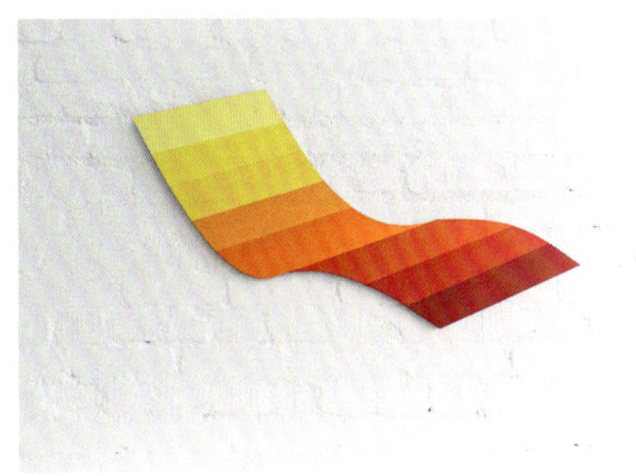

Chaiselongue

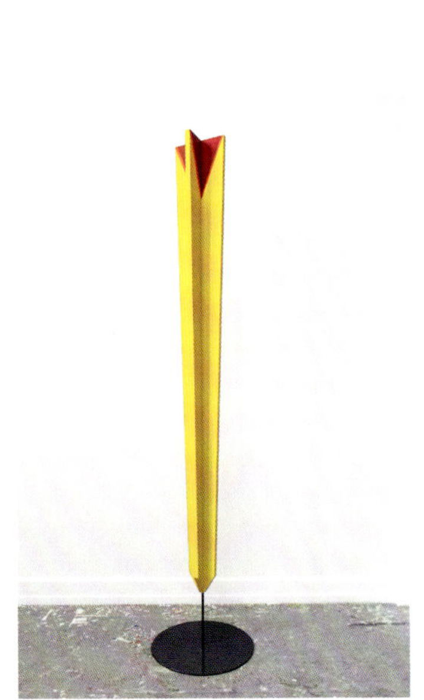

Arrow

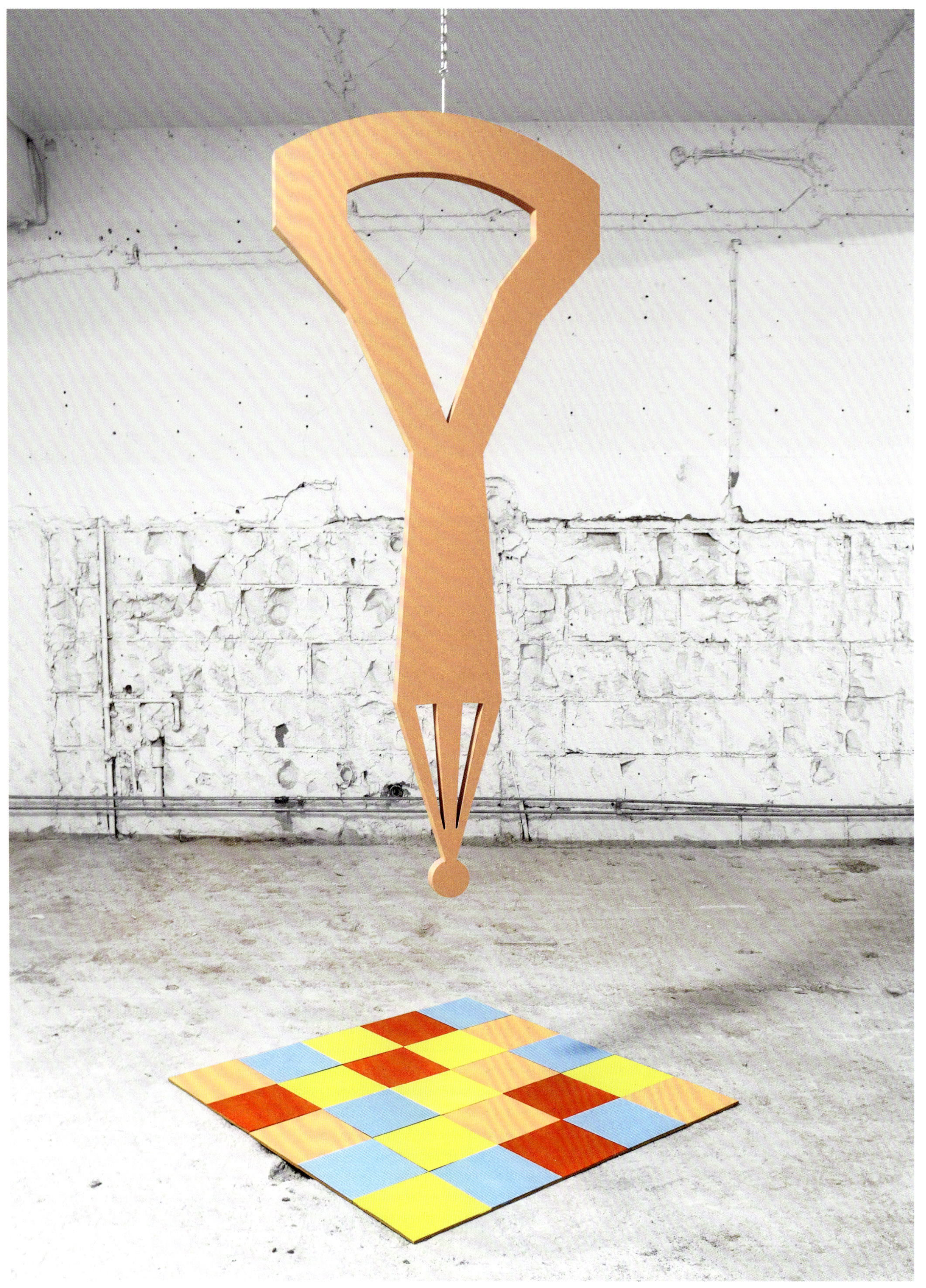

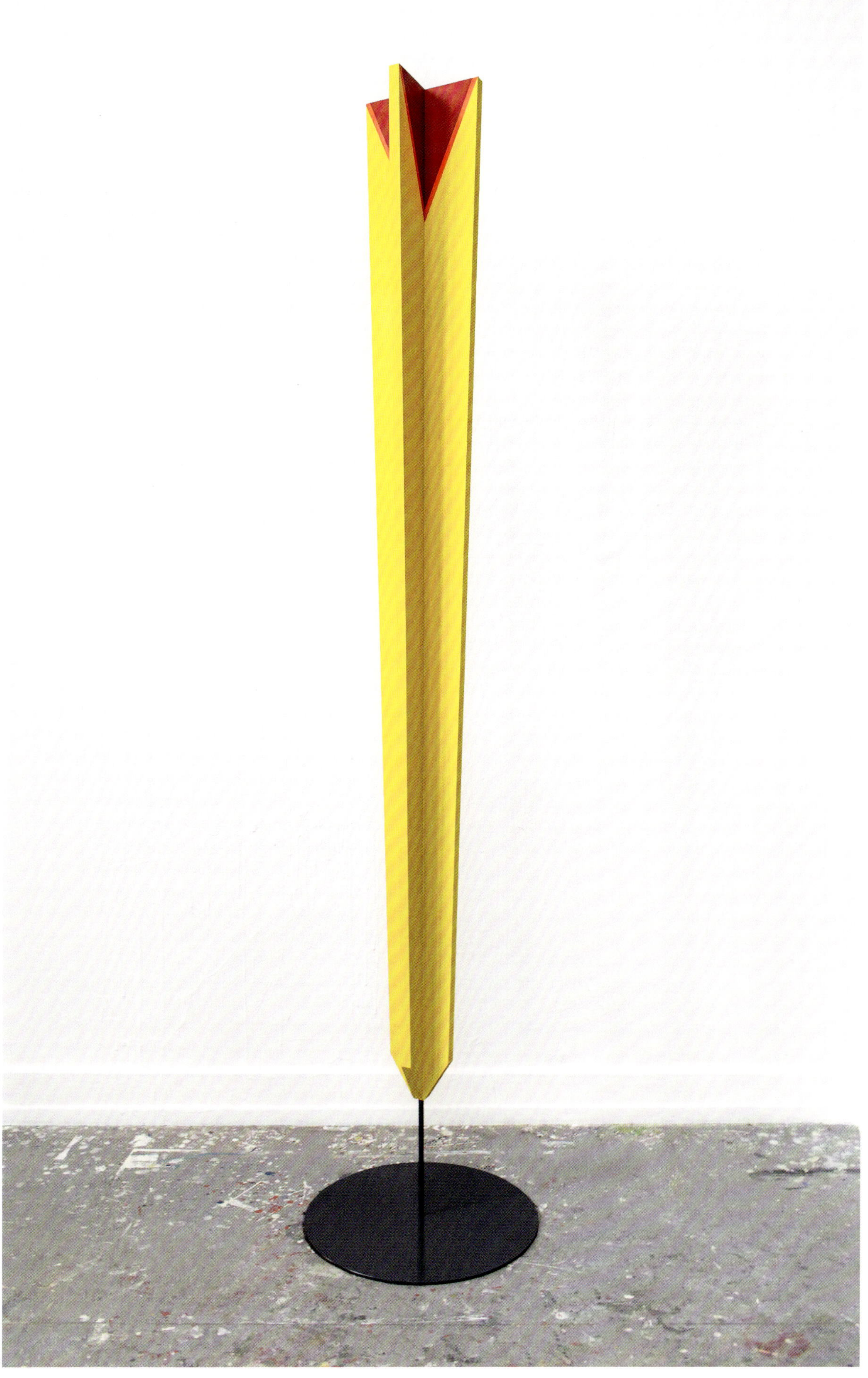

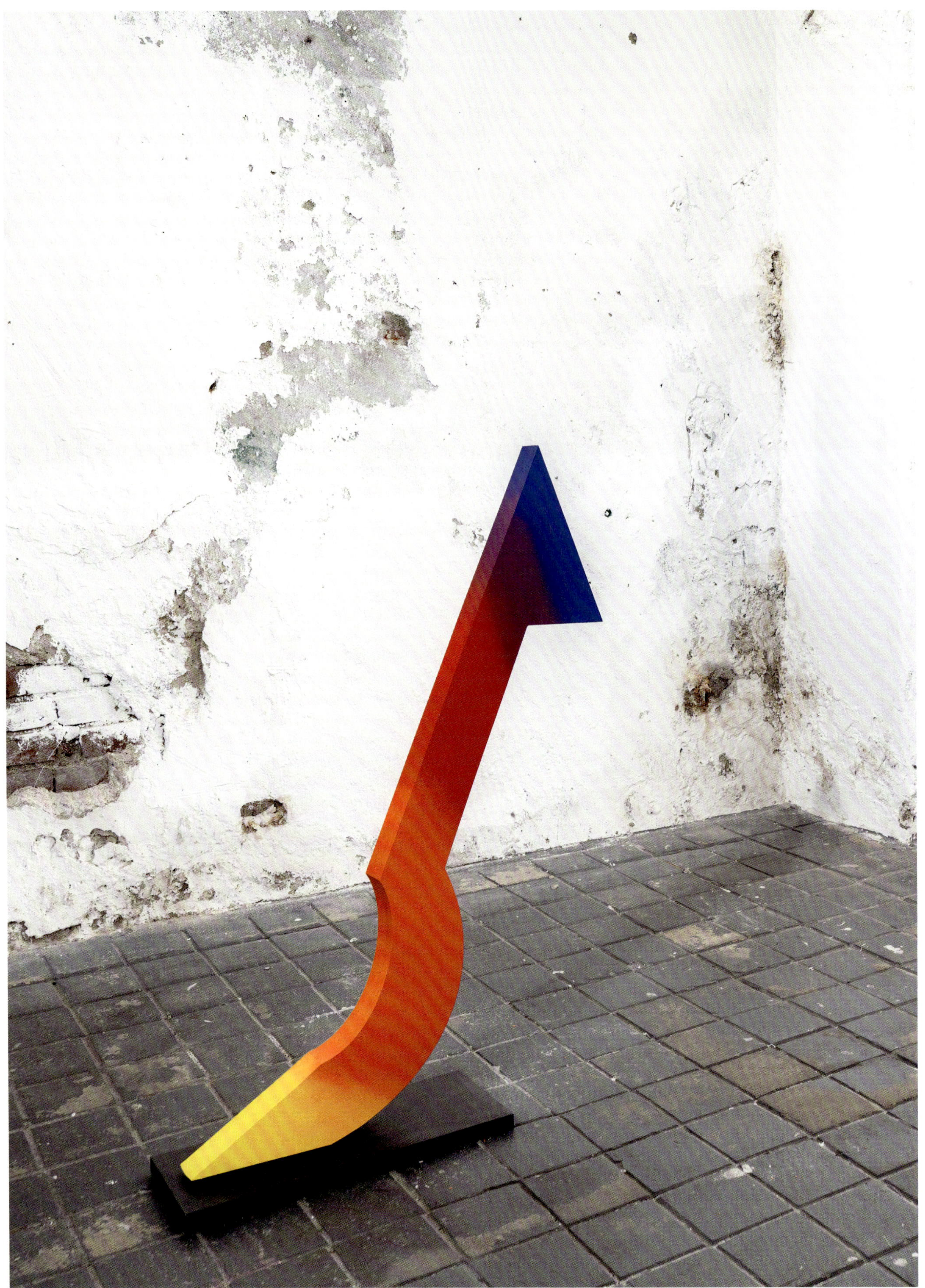

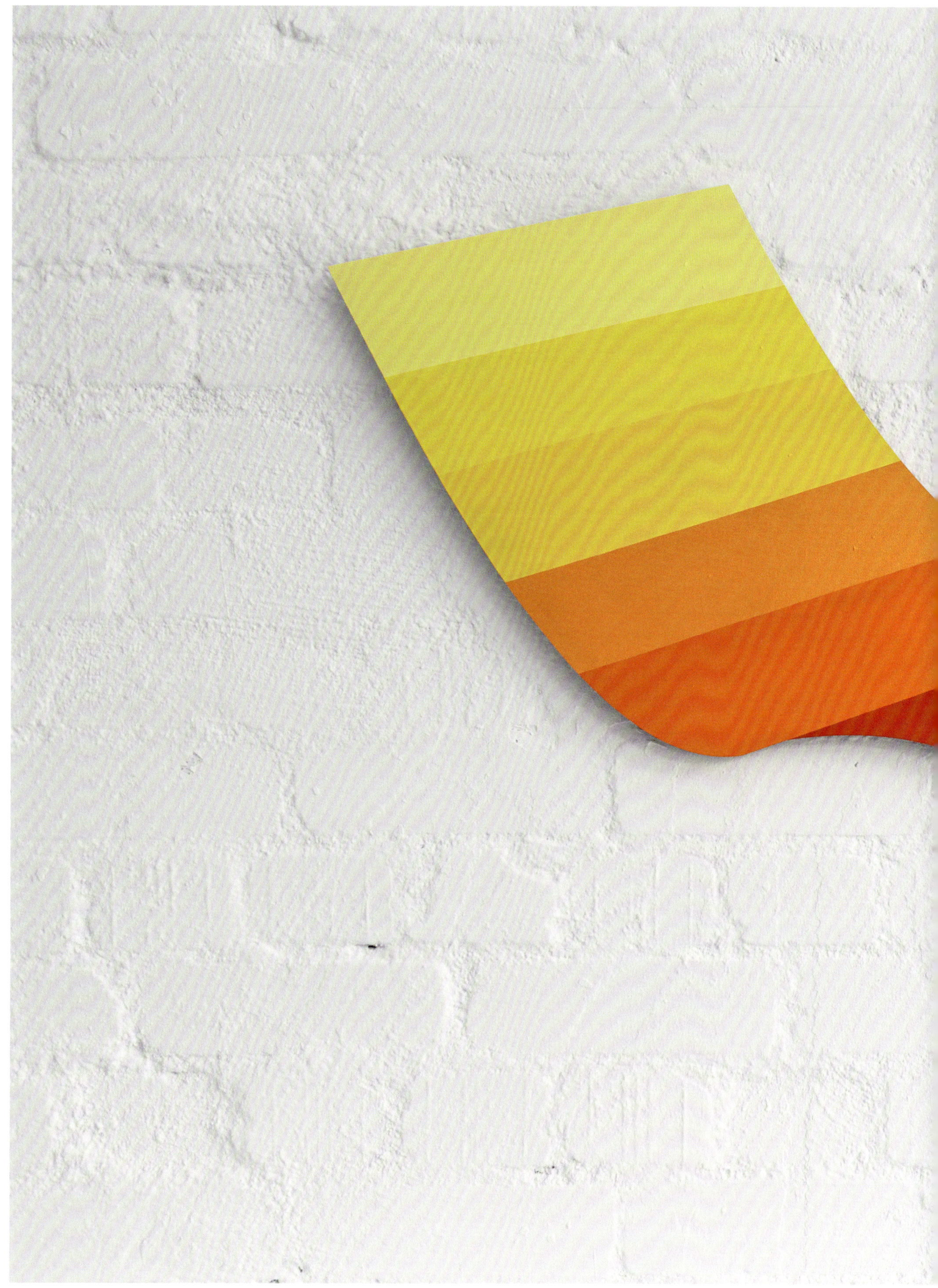

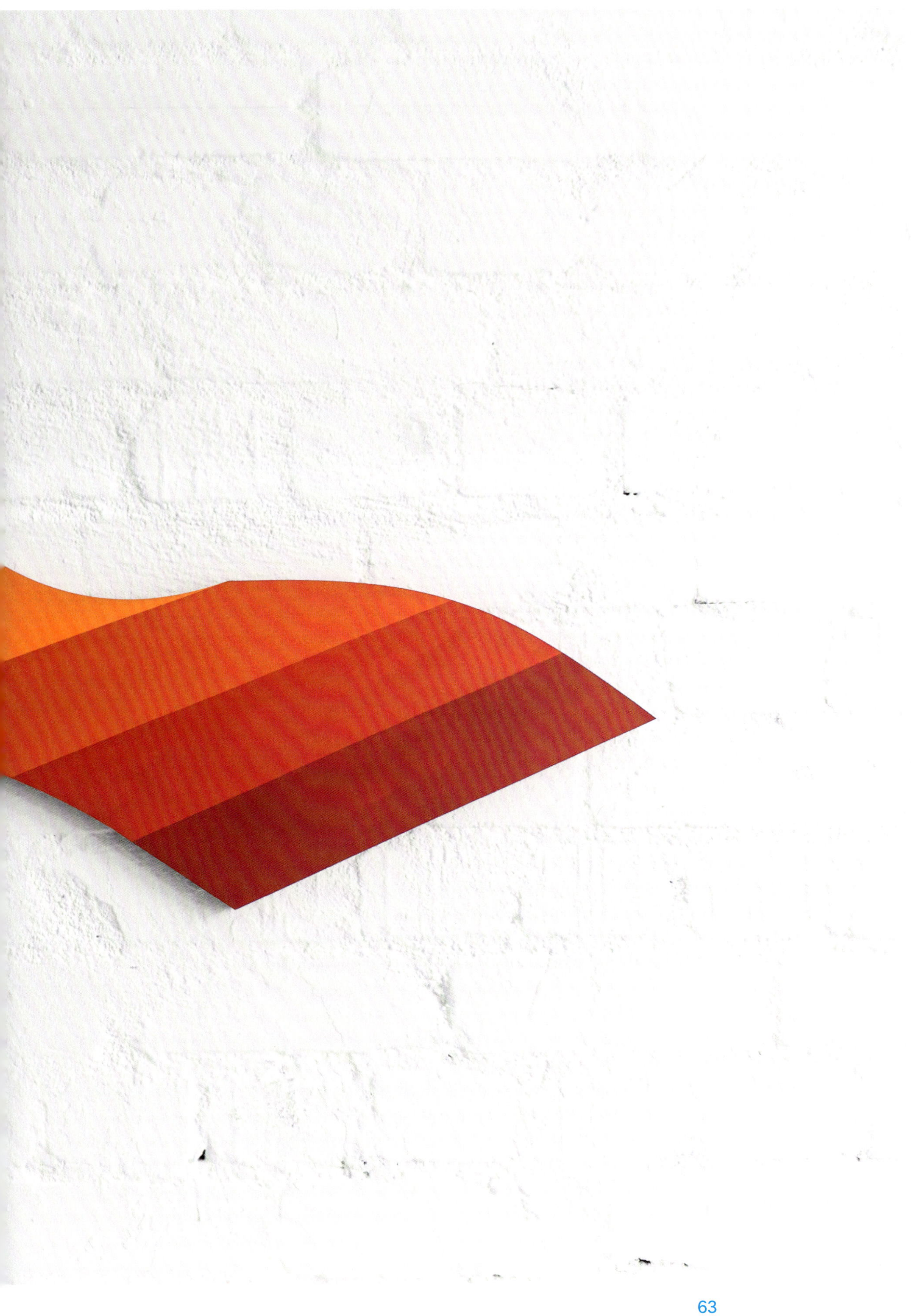

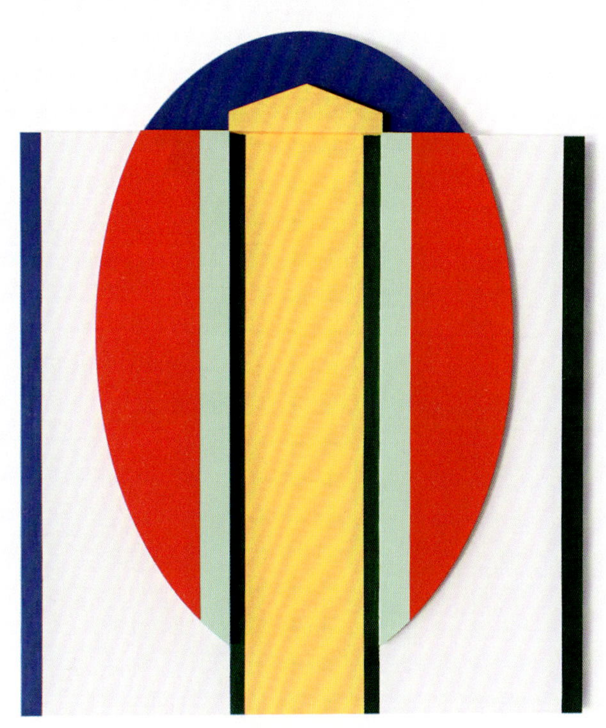

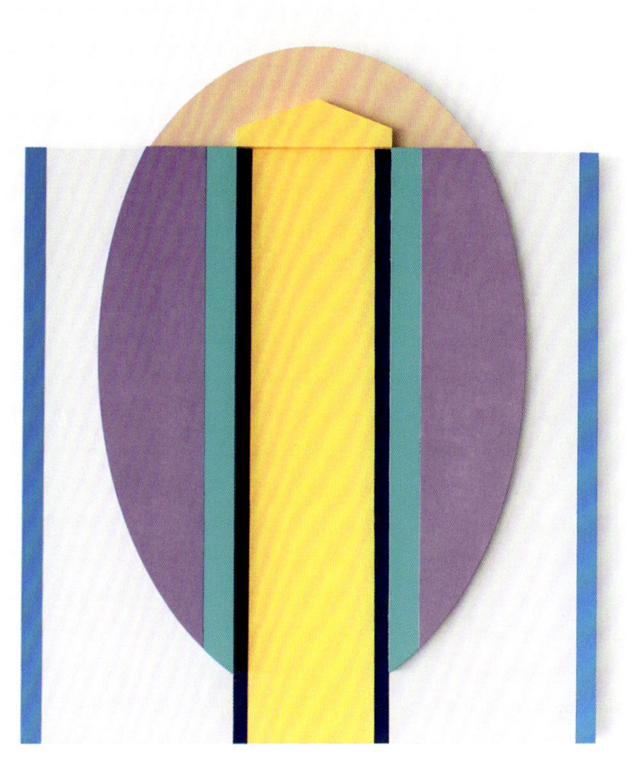

Ich wünsche mir, dass sie glücklich sind

Ana Kostova im Gespräch mit Antje Majewski

Trotz allem glauben wir, dass die Zeit kommen wird, wenn unsere Kunst für viele Menschen eine ästhetische Notwendigkeit ist, deren Rechtfertigung in dem selbstlosen Bestreben liegt, der Welt neue Schönheit zu schenken.[1]

ANTJE: Es ist interessant, dass deine Arbeiten sich in die Geschichte von konstruktivistischer Kunst oder geometrischer Abstraktion einschreiben, dass aber manche Aspekte wie von der Seite kommen, von der Peripherie. Auf der anderen Seite tut die Geschichte dieser Kunst selbst so, als gäbe es da nur Hauptwege, den großen Hauptweg vom Bauhaus zum Beispiel, aber eigentlich gab es die ganze Zeit Seitenpfade. Wie siehst du das – auf was für einem Weg befindest du dich, wo kommt dein Weg her?

ANA: Was wir zu Hause in Bulgarien als Möbel, als Wände, als Architektur hatten, war immer einfach gebaut. Es gab gerade Linien, einfache Farben – sehr typisch für den Konstruktivismus und die Farben, die ich benutze. So waren die Interieure meiner Kindheit. Mein Großvater war Tischler und hat Holztäfelungen gebaut. Ich bin wahrscheinlich sehr geprägt davon – ich mache selbst Holzreliefs. Ich habe das aber nicht gesucht, sondern mir erst später überlegt, dass ich davon geprägt sein könnte.

Und ich war immer an diesen brutalistischen Formen interessiert. Die Spielgeräte, die es in meiner Kindheit im Park gab, waren sehr gefährlich. Sie waren aus Metall und hatten immer Linien, die leer waren. Sie erinnern sehr stark an diese Ausschnitte, die ich mache. Sie hatten ähnliche Farben wie meine: Rot, Gelb, Blau oder Grün, das waren einfache Formen und Farben – und die ganze Kultur war so. Das habe ich aber erst verstanden, seit ich im Ausland wohne. Wenn du dort bist, ist es ganz normal. Alle reden über das Bauhaus, über die Farben und Formen – und dann habe ich mit dem, was ich hier gelernt habe, Bulgarien mit anderen Augen gesehen. Die Formen, die Farben sind ein bisschen anders – jede Kultur hat das Gleiche, aber ist auch etwas Eigenes.

1 Olga Rosanowa, »Kubismus, Futurismus, Suprematismus« [unveröffentlichter Text für das Journal *Supremus*], in: *Amazonen der Avantgarde*, Ausst.-Kat. Deutsche Guggenheim Berlin u.a., Berlin/New York 1999, S. 331.

Olga Rosanova, "Cubism, Futurism, Suprematism (1917)" [unpublished text for the journal *Supremus*, translated from the Russian by John E. Bowlt], in: *Amazons of the Avant-Garde*, ed. John E. Bowlt and Matthew Drutt, exh. cat. Deutsche Guggenheim Berlin et al., 1999–2001 (New York 2000), p. 331.

I Want Them to Be Happy

Ana Kostova in Conversation with Antje Majewski

Nevertheless, we do believe that a time will come when, for many people, our art will become an aesthetic necessity—an art justified by its selfless aspiration to reveal a new beauty.[1]

ANTJE: It's interesting that your works are inscribed in the history of Constructivist art and geometric abstraction, but that some aspects seem to come from the side, from the periphery. On the other hand, the history of this art itself acts as if there were only main paths, the great main path of the Bauhaus, for example, but in fact there have always been side paths. How do you see it? What path are you on, and where does this path come from?

ANA: What we had at home in Bulgaria in terms of furniture, walls, and architecture was always built simply. There were straight lines, simple colors—very typical of Constructivism and the colors I use. Such were the interiors of my childhood. My grandfather was a carpenter and made wood paneling. That probably had a big influence on me—I make wood reliefs myself. But I didn't seek it out; it was only later that I realized I might have been influenced by it.

And I was always interested in these brutalist forms. The playground equipment in the parks where I played as a child was very dangerous. It was made of metal and always had lines that were left blank. They are very reminiscent of these cutouts that I make. They were in colors similar to mine: red, yellow, blue, or green. They were simple shapes and colors—and the whole culture was like that. But I didn't understand it until I lived abroad. When you're there, it's completely normal. Everyone talks about the Bauhaus, about the colors and shapes—and then, with what I learned here, I saw Bulgaria with different eyes. The shapes, the colors are a little bit different—every culture has the same thing, but it's also something intrinsic.

ANTJE: Du hast diese ziemlich starken Farben, die Elementarfarben Rot / Grün / Blau, und dann aber auch viele Arbeiten mit Pastellfarben, die mich eher an die brasilianische Moderne erinnern. Aber daran hast du dich ja gar nicht angelehnt, sondern hast diese Farben in deiner Kindheit gesehen, stimmt das?

ANA: Ja, eigentlich waren das die Farben, die ich in meiner Kindheit gesehen habe, übrig geblieben aus der kommunistischen Zeit. Sie waren eher pastellfarben: Grün / Türkis, ein bisschen Hellorange. In jedem Wohnblock gab es Treppenhäuser in diesen Farben. In unserem Block zum Beispiel waren die Farben Blau und Hellorange, und die Fassade des Gebäudes war ebenfalls überwiegend orange. So wusste ich, dass ich im orangen Block wohne. Jeder Block hatte seine eigene dominierende Farbe. Mittlerweile sind sie total grau.

ANTJE: Das ist ja spannend. Wer hat denn das wohl entschieden? Wer hat sich die Farbkonzepte überlegt?

ANA: Ich weiß nicht – das sind einfach Farben, die typisch sind für die Zeit …

ANTJE: Typisch für die Zeit – da sind wir jetzt wahrscheinlich in den 80ern?

ANA: Ja – und auch für die 70er, unser Block wurde in den 70er-Jahren gebaut. Ich bin in den 90ern aufgewachsen. In jedem Wohnviertel gab es einen Spielplatz mit Klettergerüsten. Sie waren aus Metall geschweißt und erinnerten an verschiedene Formen – ein Boot, eine Rakete oder einen Planeten –, dargestellt durch Konturen in Rot, Grün, Gelb und Blau. Vor zwei, drei Jahren habe ich einige dieser Formen gesucht, um sie zu fotografieren, aber ich stellte fest, dass sie entfernt wurden, vermutlich weil sie zu gefährlich zum Spielen waren. Ich komme aus Plovdiv, der zweitgrößten Stadt nach Sofia. Auf einer Reise nach Hause vor drei Jahren sah ich zum ersten Mal, dass die Bischofsbasilika, in der sich die römischen Mosaiken befinden, restauriert wurde. Früher führte dort eine Autostraße entlang, und direkt daneben, an einem verlassenen, eingezäunten und mit Gras überwucherten Ort, lagen die Mosaiken. Als meine Stadt zur Europäischen Kulturhauptstadt wurde, entschied man sich, die Straße zu entfernen und die Basilika sowie die

ANTJE: You have these rather strong colors, the elementary colors red, green, blue, and then there are also a lot of works with pastel colors that remind me more of Brazilian modernism. But you didn't base it on that at all, you just saw these colors in your childhood, is that right?

ANA: Yes, actually those were the colors I saw in my childhood, left over from the communist era. They were more pastel colors: green or turquoise, a bit of light orange. In each block of flats, there were staircases in these colors. In our block, for example, the colors were blue and light orange, and the façade of the building was also mostly orange. So I knew that I lived in the orange block. Each block had its own dominant color. Now they're all completely gray.

ANTJE: That's interesting. Who decided that? Who came up with the color concepts?

ANA: I don't know—they're just colors that were typical for that time…

ANTJE: Typical for that time—so we're probably in the 1980s now?

ANA: Yes—and also in the 1970s; our block was built in the 1970s. I grew up in the 1990s. In every neighborhood there was a playground with monkey bars. They were welded out of metal and resembled different things—a boat, a rocket, or a planet—represented by contours in red, green, yellow, and blue. Two or three years ago, I looked for some of these shapes to photograph them, but found that they had been removed, presumably because they were too dangerous to play on.

I'm from Plovdiv, the second largest city after Sofia. On a trip home three years ago, I saw for the first time that the Bishop's Basilica with its Roman mosaics had been restored. There used to be a road leading past it, and right next to it, in a desolate, fenced-off and overgrown place, were the mosaics. When

Mosaiken zu restaurieren. Das war das erste Mal, dass ich sie überhaupt gesehen habe. Das war auch die Zeit, als ich in Kiel lebte und begann, mich mit Räumlichkeit zu beschäftigen. Ich fragte mich, ob das Mosaik nicht auch zum Raum gehört. Schließlich ist es Teil der Architektur – es befand sich auf dem Boden, umgeben von Wänden.

Nicht nur die abstrakte Arbeit am Begriff der raumplastischen Form, Linie oder Farbe, sondern auch die Arbeit an der Vereinigung dieser so verschiedenartigen Begriffe, aus deren Synthese der Begriff der neuen Form gewonnen werden muss – das ist die Konstruktion der malerischen Form …[2]

Das war die Zeit, als die Malerei, die ich gezeigt habe, sich nicht mehr nur an der Wand befand – sondern auf dem Boden, zum Beispiel. Gleichzeitig fing ich an, mich für geometrische Formen zu interessieren. Diese Formen sind vertraut, man sieht sie täglich in unserer Kultur – und ich wollte meine eigenen Formen schaffen, von meiner Kultur inspiriert.

Ich habe sie genommen, meine eigenen Formen daraus gemacht, und jetzt kann man nicht mehr erkennen, ob sie aus Bulgarien kommen oder aus Deutschland – sie sind universell.

Ich weiß nichts. Nicht-Wissen ist schön; es ist Entdeckung, das Akzeptieren gemischter Situationen, von Unvereinbarkeiten, von der Re-Integration des Anfangs, von linearer Nicht-Zeit, von der puren Wahrnehmung des Fehlens von Kultur, die ich nie hatte, indem ich meine eigene schaffe, die immer in Frage steht.[3]

Ljubow Popowa, »Text ohne Titel« [undatiertes Manuskript aus einer Privatsammlung, Moskau], in: *Amazonen der Avantgarde*, Ausst.-Kat. Deutsche Guggenheim Berlin u.a., Berlin/New York 1999, S. 323.

2 Liubov Popova, "Note (ca. 1931)" [untitled text from an undated, unfinished manuscript in a private collection, Moscow: translated from the Russian by J. Frank Goodwin], in: *Amazons of the Avant-Garde* (see note 1), pp. 322f.

Lygia Clark, Brief an Helio Oiticica, Paris, 17. Mai 1971, in: *Lygia Clark: The Abandonment of Art. 1948–1988*, Ausst.-Kat. Museum of Modern Art, New York 2014

3 Lygia Clark, letter to Helio Oiticica, Paris, May 17, 1971, quoted in: *Lygia Clark: The Abandonment of Art. 1948–1988*, ed. Cornelia H. Butler and Luis Pérez-Oramas, exh. cat. The Museum of Modern Art (New York 2014) [translated].

my city became the European Capital of Culture, they decided to remove the road and restore the basilica and the mosaics. That was the first time I saw them. It was also the time when I lived in Kiel and began to think about space. I wondered if the mosaic was also part of the space. After all, it's part of the architecture—it was on the floor, surrounded by walls.

Not only theoretical work on the concept of volumetric form, line, or color, but also working on the joining of these disparate concepts (their synthesis should produce the concept of a new form)—this is what [we mean by] the construction of pictorial form…[2]

That was the time when the paintings I exhibited were no longer just on the wall, but on the floor, for example. At the same time, I began to be interested in geometric forms. These forms are familiar; we see them every day in our culture—and I wanted to create my own forms, inspired by my culture. I took them and made my own forms out of them, and now you can't tell if they come from Bulgaria or Germany—they're universal.

I don't know anything. Not knowing is beautiful; it is discovery, the acceptance of mixed situations, of contradictions, of the reintegration of the beginning, of linear non-time, of the pure perception of the absence of culture, which I never had, by creating my own, which is always in question.[3]

ANTJE: You were interested in the fact that the forms appeared in architecture—some of them were residential buildings with mosaics. Is it known what kind of building it was?

ANA: It was a basilica. It was always something for everyone; it wasn't a residential building.

ANTJE: Dich hat interessiert, dass die Formen in der Architektur vorkamen – das waren ja zum Teil Wohnhäuser, die Mosaiken hatten. Weiß man, was für ein Haus das war?

ANA: Das war eine Basilika. Es war immer etwas für alle Leute, es war kein Wohnhaus.

ANTJE: Die Basilika für alle Leute, die Spielplätze für alle Leute ... Bei Bauhaus oder De Stijl gab es ja viele Querverbindungen zwischen Kunst und Privaträumen mit Möbeln, Gardinen ... Im russischen Konstruktivismus ging man oft nach außen – das war Kultur für die ArbeiterInnen. Bushaltestellen zum Beispiel oder Fassaden von Geschäften, so eine Art Stadtmöblierung. Nicht die Privathäuser werden schöner, sondern die Stadt ...

ANA: Früher, in meiner Kindheit, war alles sehr universell. In meinem Block – ich hatte keinen Zugang zu anderen Typen von Wohnungen, die es gab – war bei den meisten Leuten die Tür gleich, die Küche war gleich, in der Schule war alles gleich, es war alles irgendwie universell. Und ich fand das ganz normal – alle fanden das hässlich, ich finde das heute immer noch gut. Dass es so einfach war, finde ich nicht schlimm.

ANTJE: Deine eigene künstlerische Arbeit ist ja funktionslos. Manche der Arbeiten erinnern vielleicht an einen Paravent oder ein Fenster ... aber sie haben sich von der Funktion gelöst, die sie ursprünglich vielleicht hatten, in deinen Spielplatzgeräten zum Beispiel. Wie siehst du sie als Gegenstände?

ANA: Ich sehe sie als skulpturale Objekte. Ich wäre aber in der Zukunft daran interessiert, auch soziale Räume zu machen, auf meine Art und Weise gestaltete Räume, die man benutzen kann. Es ist ein Schritt, über den ich schon seit Jahren nachdenke, aber es ist nicht leicht, den Schritt zu machen. Etwas fehlt mir noch. Ich hatte diese Idee, eine Installation mit Wänden zu machen, die die Erinnerung an alle Wände aufnimmt, in denen ich früher gelebt habe. Nur aus der Erinnerung, denn sie existieren nicht mehr. Zum Beispiel diese Holztäfelungen – dass man darin herumlaufen und alles anfassen könnte. Ich betrachte die Erinnerungen als Inspirationen.

ANTJE: A basilica for everyone, playgrounds for everyone... With the Bauhaus and De Stijl there were many cross-connections between art and private spaces with furniture, curtains, and so on. In Russian Constructivism, one often went outdoors—that was culture for the workers. Bus stops, for example, or shop fronts, a kind of street furniture. It was not the private houses that became more beautiful, but the city.

ANA: In the past, when I was a child, everything was very universal. In my block—I didn't have access to other types of apartments that existed—most people's doors were the same, the kitchens were the same, at school everything was the same. Everything was kind of universal. And I thought that was perfectly normal—everyone thought it was ugly, but today I still think it's good. I don't mind that it was so simple.

ANTJE: Your own artistic work is functionless. Some of the works are reminiscent of a screen or a window, but they've been liberated from whatever function they may have originally had, as in your playground equipment, for example. How do you see them as objects?

ANA: I think of them as sculptural objects. But in the future, I'd also like to make social spaces—spaces designed in my own way that people can use. It's a step I've been thinking about for years, but it's not easy to take. Something is still missing. I had this idea to make an installation with walls that would absorb the memory of all the walls I used to live in. Only from memory, because they no longer exist. For example, this wood paneling—so that you could walk around in these walls and touch everything. I see memories as inspiration.

Schönheit ist die Übereinstimmung des Gegenstands mit dem Wesen unserer physiologisch-visuellen Erscheinungen. Je mehr Erscheinungen wir durch das System der Konstruktion des Schönen erfassen, desto vollkommener ist das Schöne.[4]

ANTJE: Welche Gefühle sollen deine Arbeiten bei den Menschen auslösen, die ihnen begegnen?

ANA: Auf jeden Fall wünsche ich mir, dass sie glücklich sind! Denn ich bin glücklich, wenn ich sie mache. Obwohl ich auch sagen muss, dass ich oft sehr wütend bin. Die Wut gibt mir viel Energie, und ich kann richtig gut arbeiten, wenn ich wütend bin. Ich kanalisiere diese Energie sehr gut, wenn ich male. Ich will aber nicht, dass die Leute wütend werden durch meine Arbeiten, sondern dass sie glücklich sind, dass ich ihnen etwas Gutes und Schönes geben kann. Ich finde es kein schlechtes Wort, wenn die Kunst schön ist.

Eine Blume […], z. B. eine Tulpe, wird für schön gehalten, weil eine gewisse Zweckmäßigkeit, die so, wie wir sie beurtheilen, auf gar keinen Zweck bezogen wird, in ihrer Wahrnehmung angetroffen wird.[5]

Manchmal sehe ich auch Humor in meinen Arbeiten – ich habe manchmal einen besonderen Humor, den nicht alle verstehen, aber ich möchte gern, dass sie auch den Witz in den Arbeiten sehen.

ANTJE: Gerade, als ich deine Blumen entdeckt habe, war ich richtig glücklich. Die kannte ich noch gar nicht und will ich unbedingt mal in echt sehen.

ANA: Und da gibt es auch einen Witz – weil es eine Blume ist, ganz einfach.

4 Władysław Strzeminski, »Die Entwicklung des Individuums…« [*Forma* 1935, Nr. 3, S. 17] in: *Władysław Strzeminski. 1893–1952*, Ausst.-Kat. Kunstmuseum Bonn, Bonn 1994.

Władysław Strzeminski, "Die Entwicklung des Individuums …" in: *Forma*, no. 3, 1935, p. 17, quoted in: *Władysław Strzeminski. 1893–1952*, exh. cat. Kunstmuseum Bonn, 1994 [translated].

5 Immanuel Kant, *Kritik der Urteilskraft*, S. 236, Akademieausgabe online unter: https://www.korpora.org/Kant/aa05/236.html (27.3.25).

Immanuel Kant, *Critique of Judgment*, trans. James C. Meredith (Oxford 1953), p. 80.

Beauty is the congruence of the object with the essence of our physiological-visual manifestations. The more manifestations we grasp through the system of constructing beauty, the more perfect beauty is.[4]

ANTJE: What emotions do you want your works to evoke in the people who encounter them?

ANA: In any case, I want them to be happy! Because I'm happy when I make them. Although I also have to say that I'm often very angry. Anger gives me a lot of energy, and I can work really well when I'm angry. I channel that energy very well when I paint. But I don't want people to get angry because of my work. I want them to be happy that I can give them something good and beautiful. I don't think it's bad to call art beautiful.

A flower […], such as a tulip, is regarded as beautiful, because we meet with a certain finality in its perception, which, in our estimate of it, is not referred to any end whatever.[5]

Sometimes I also see humor in my works—I sometimes have a particular sense of humor that not everyone understands, but I want them to see the humor in the work as well.

ANTJE: The moment I discovered your flowers, I was really happy. I didn't know them before, and now I definitely want to see them live.

ANA: And there is also a joke—because it's a flower, quite simply.

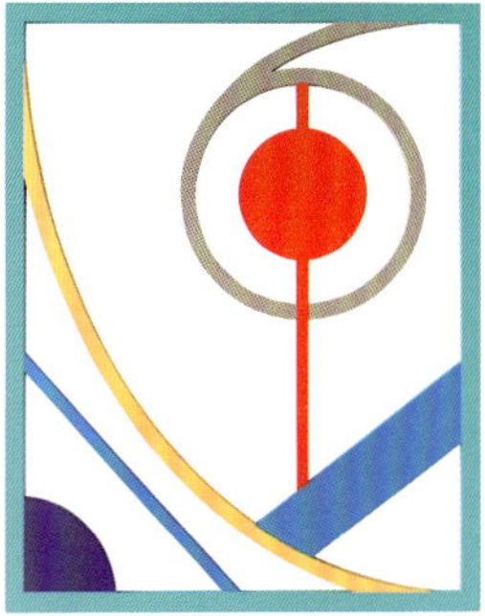

Geometric Imagery

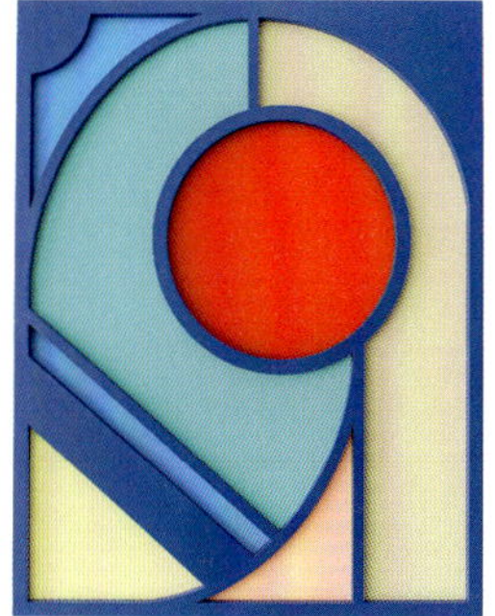

No. 1

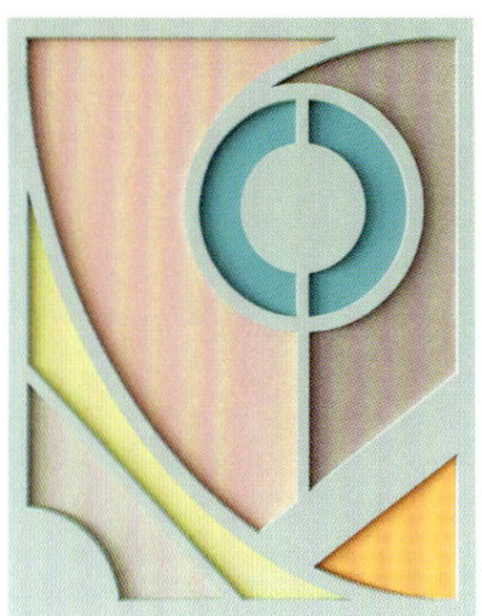

No. 2

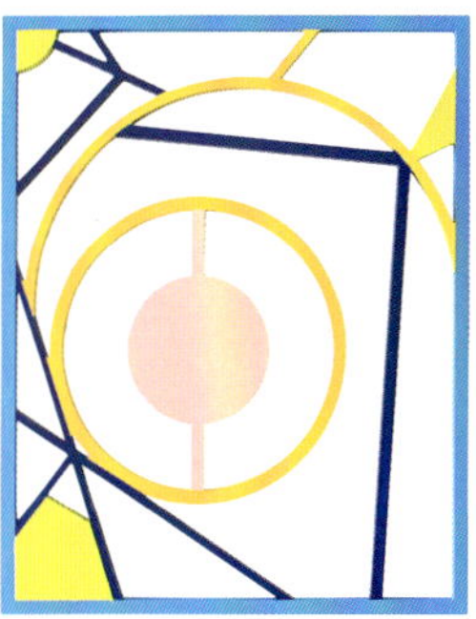

Geometric Imagery

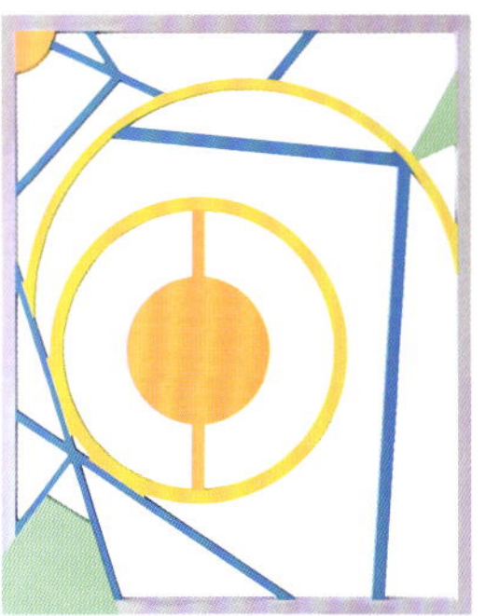

Geometric Imagery

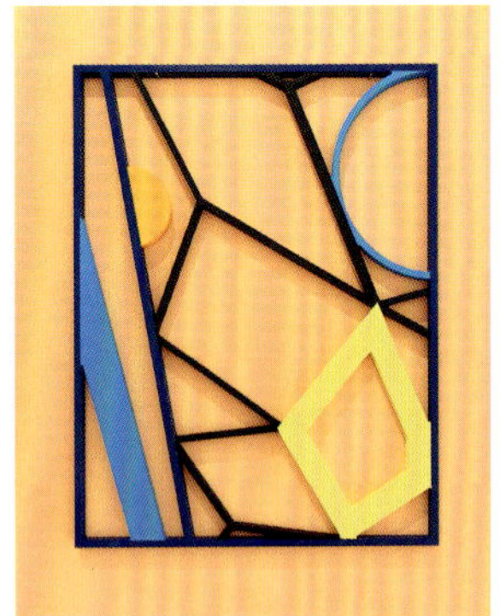

Geometric Imagery

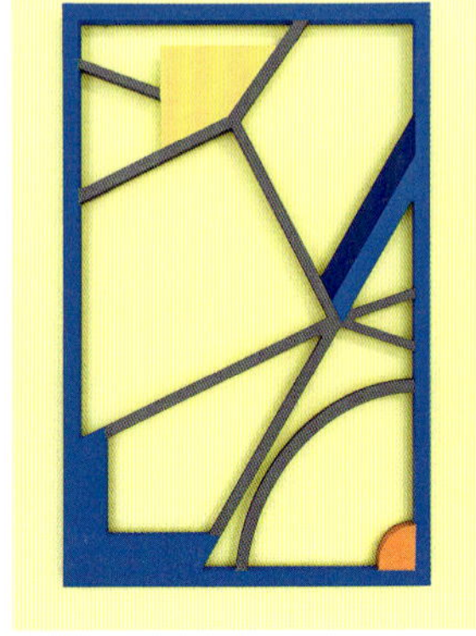

Combine

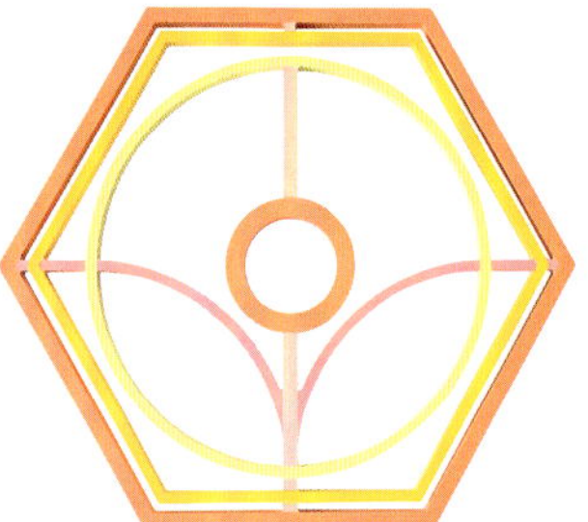

Flower

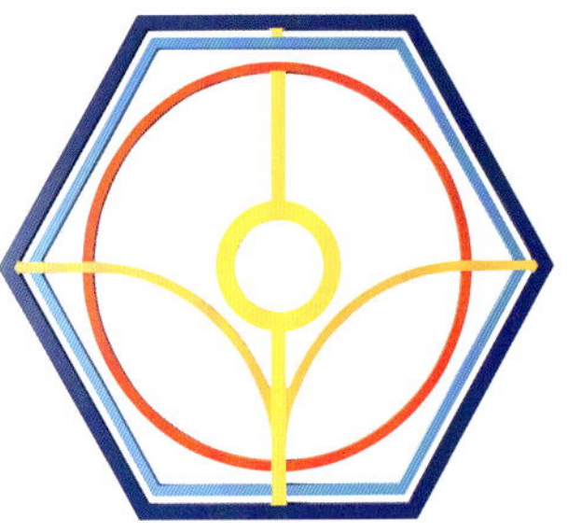

Flower

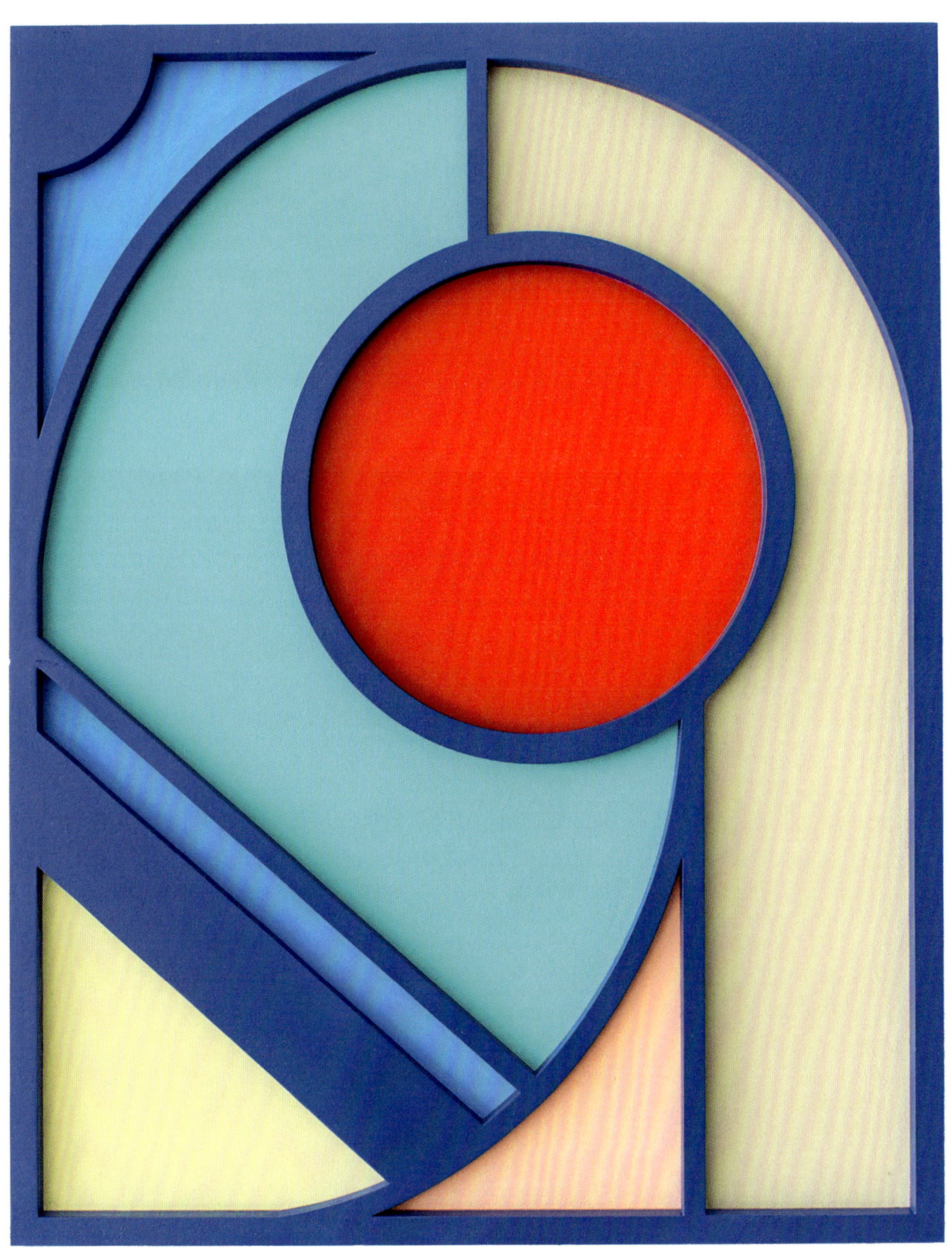

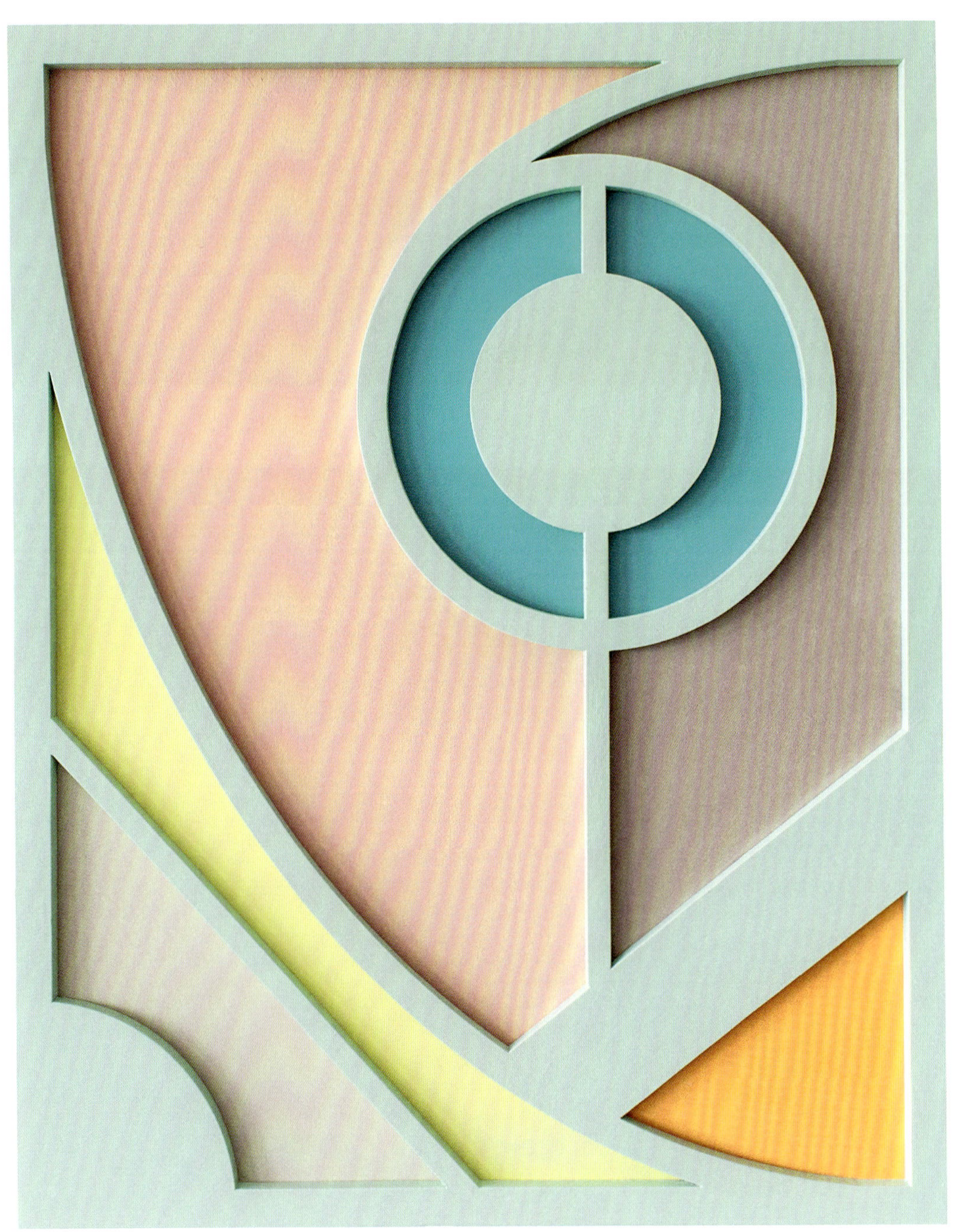

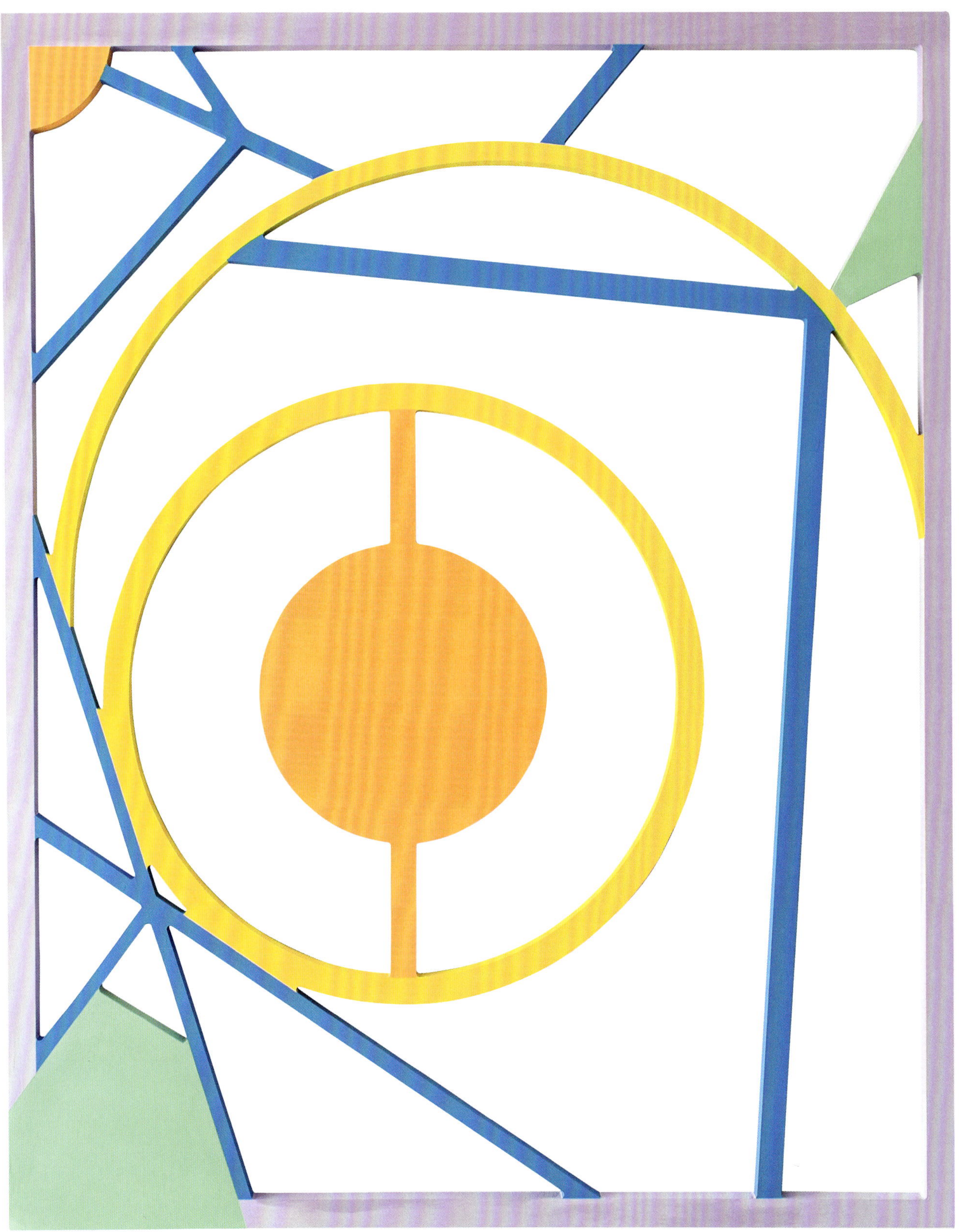

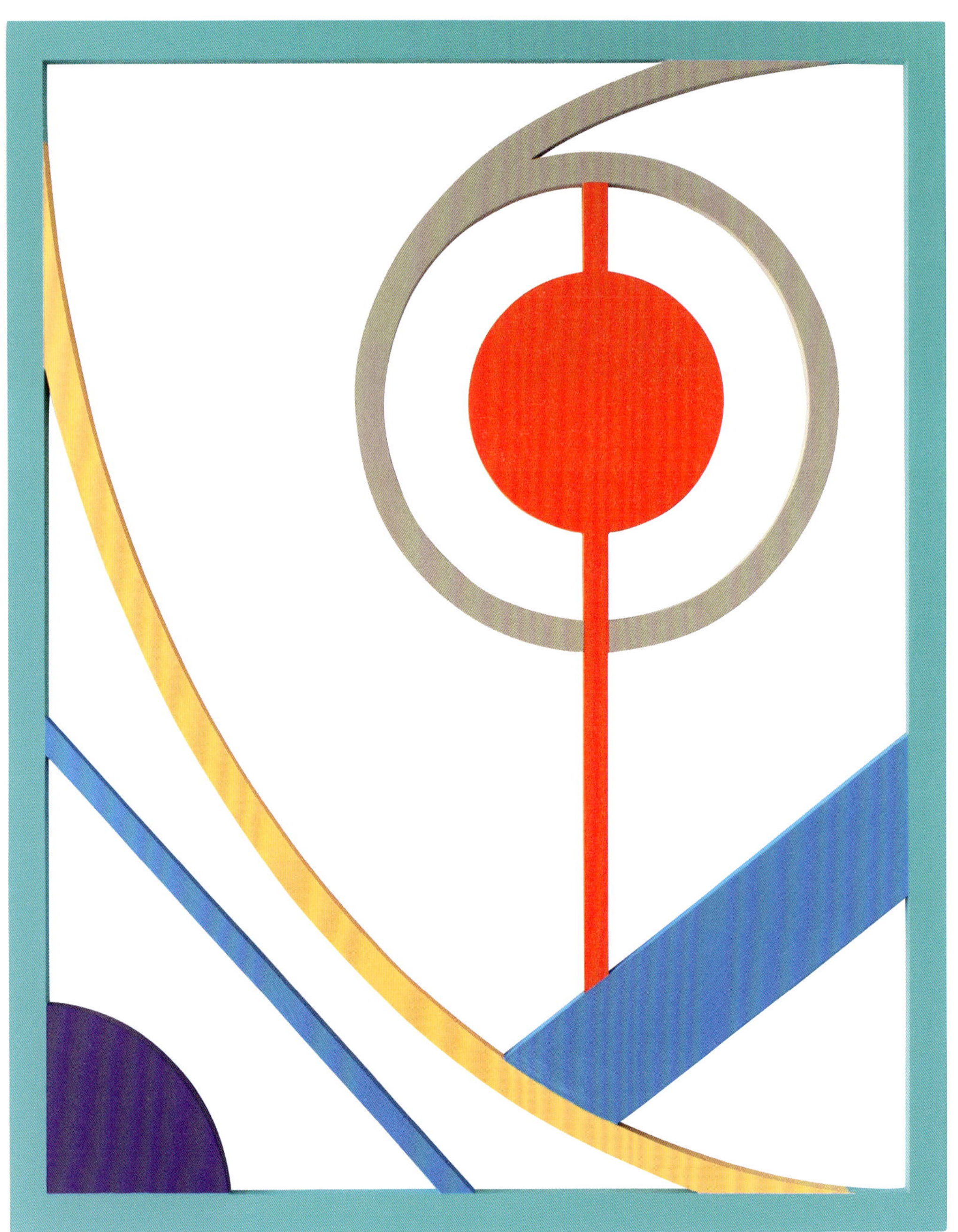

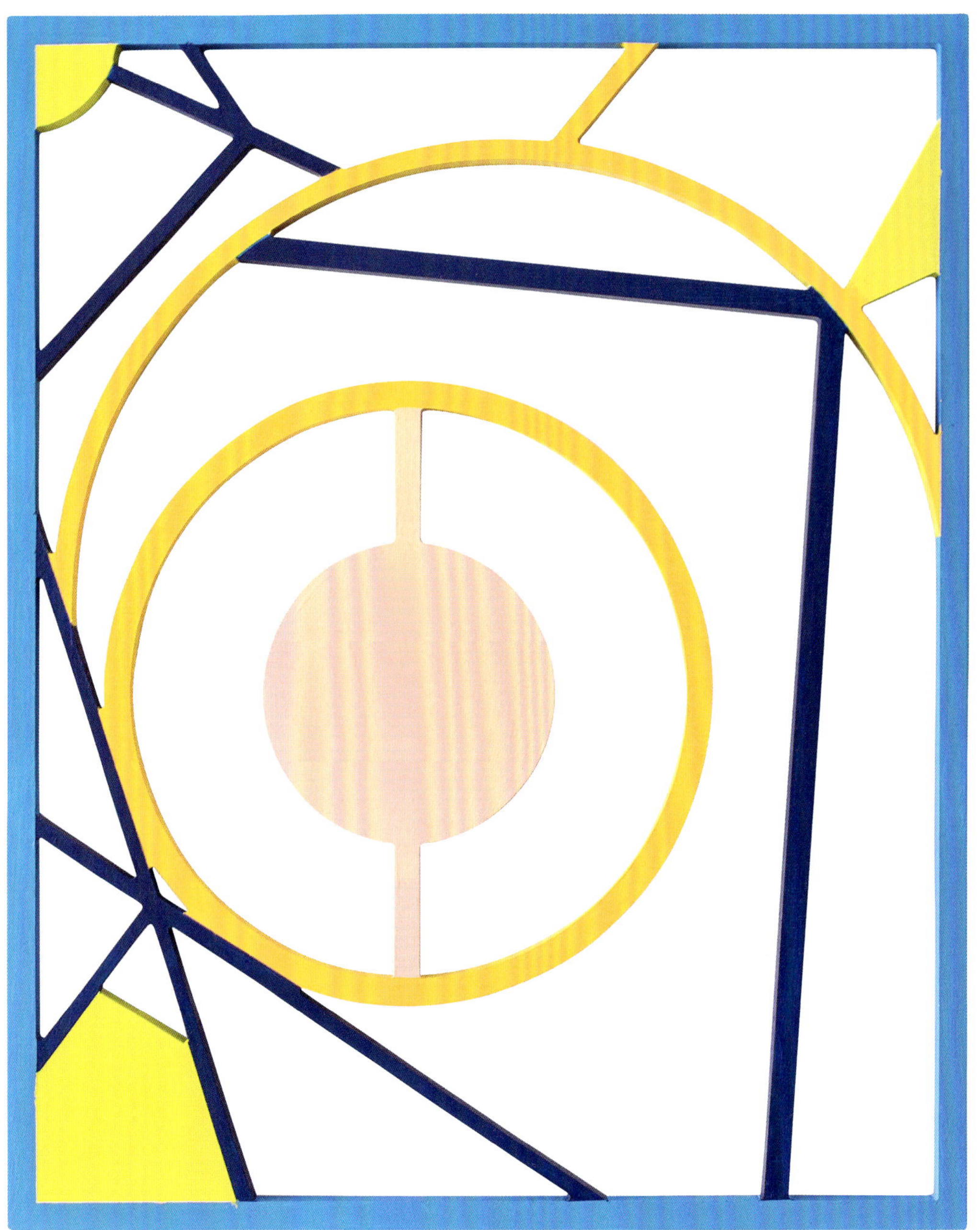

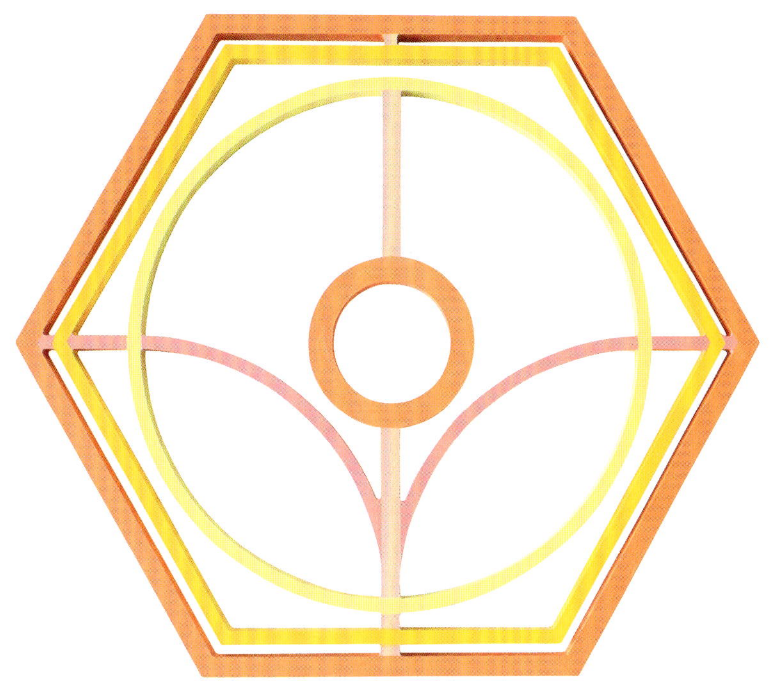

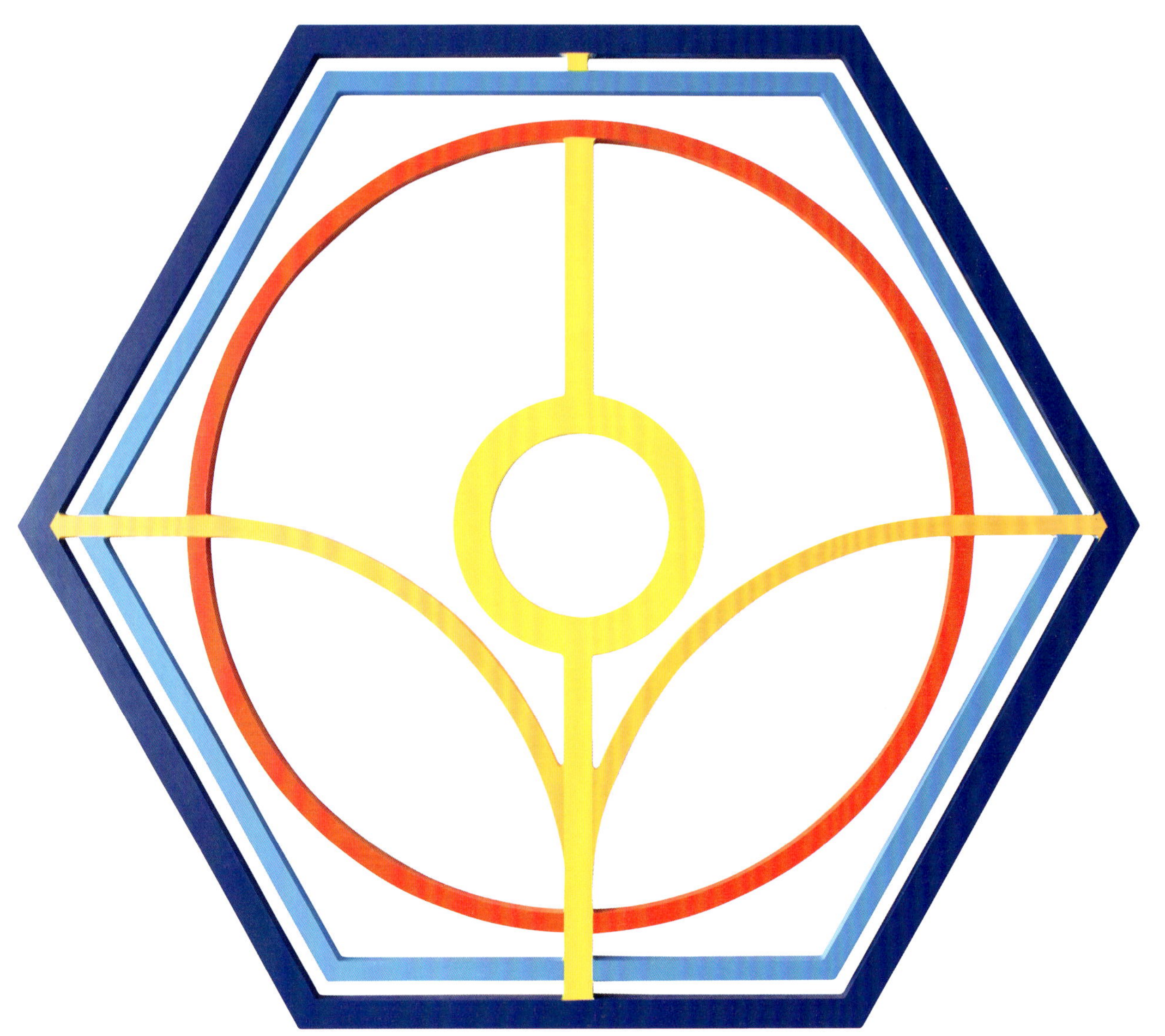

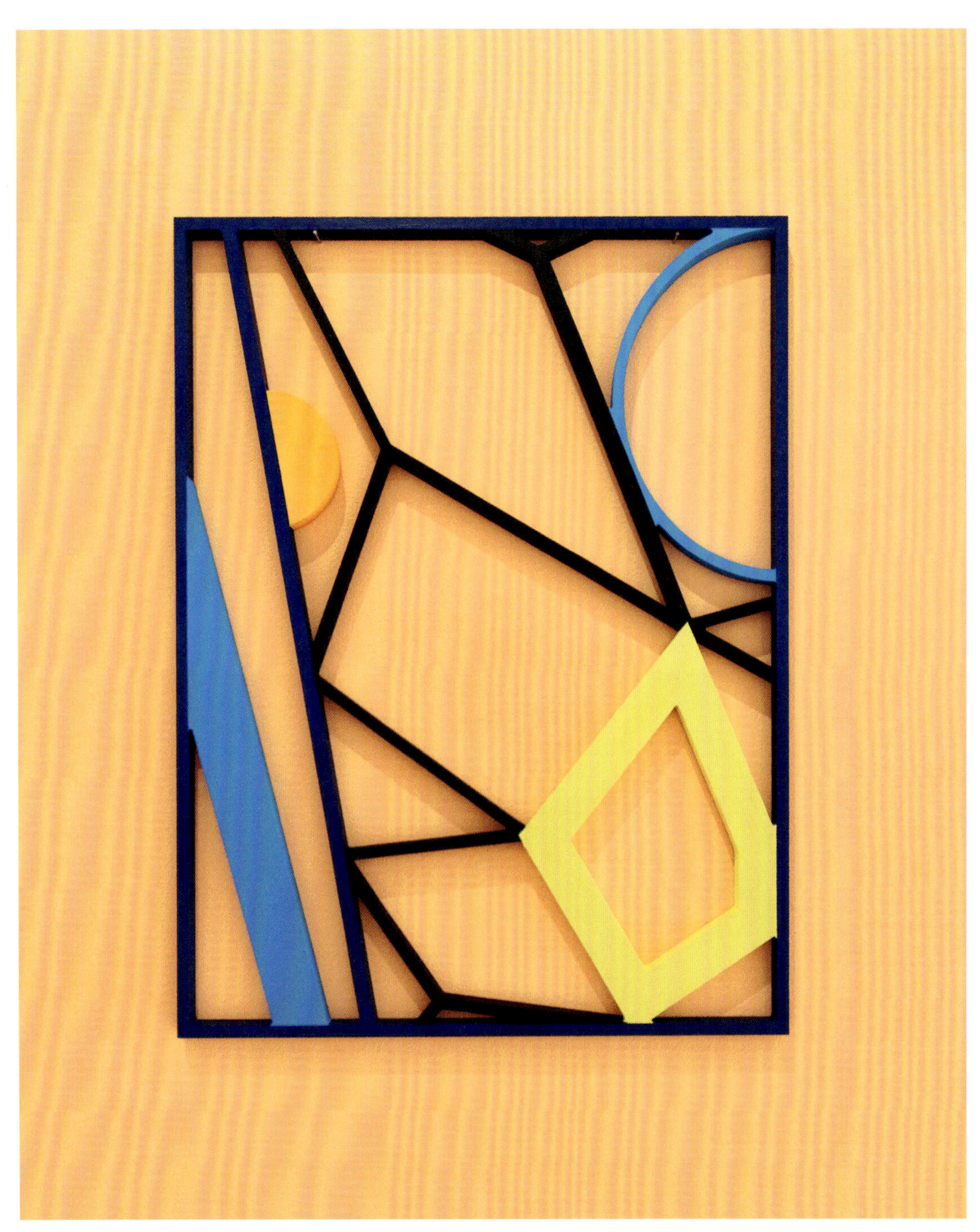

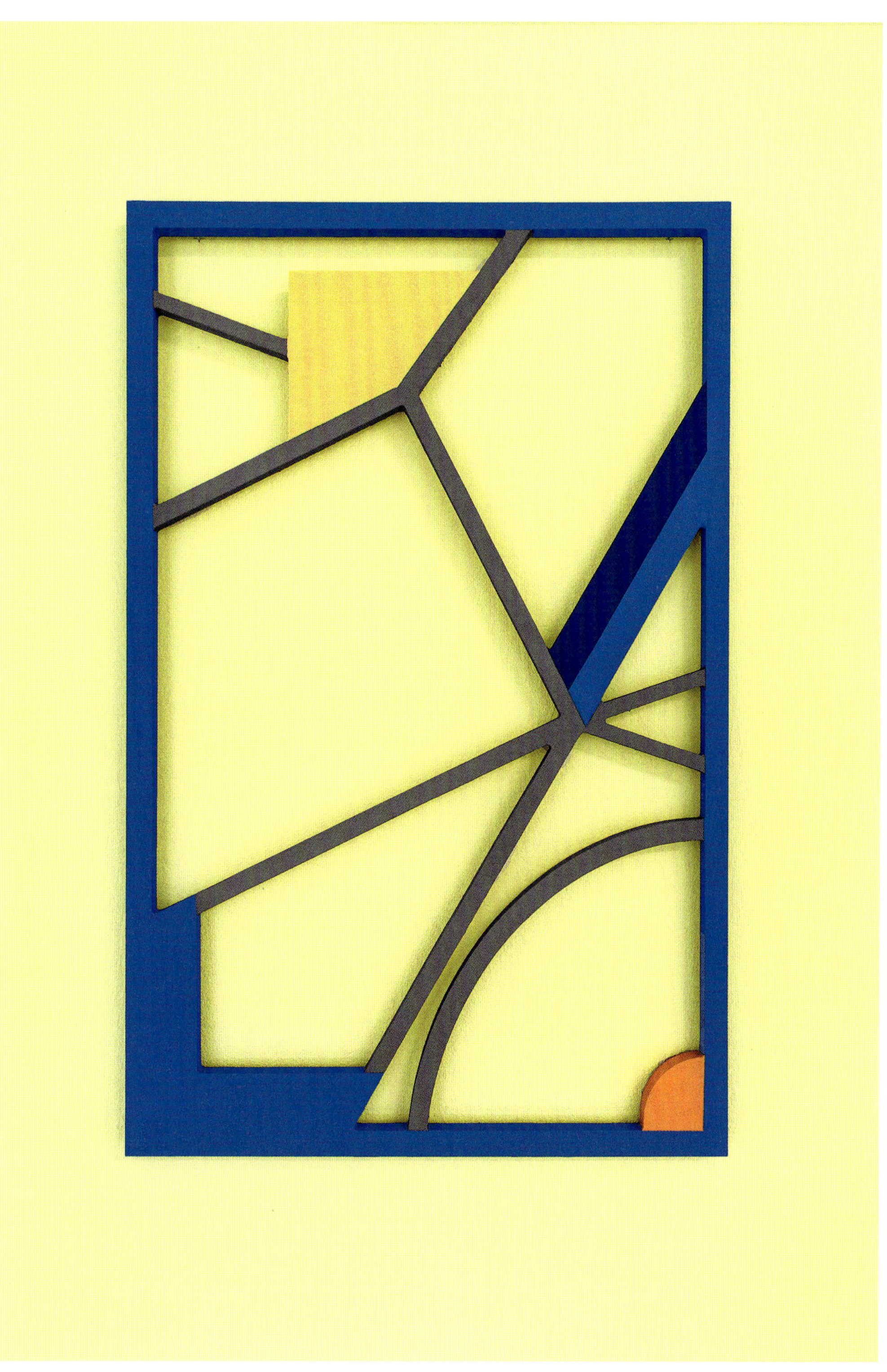

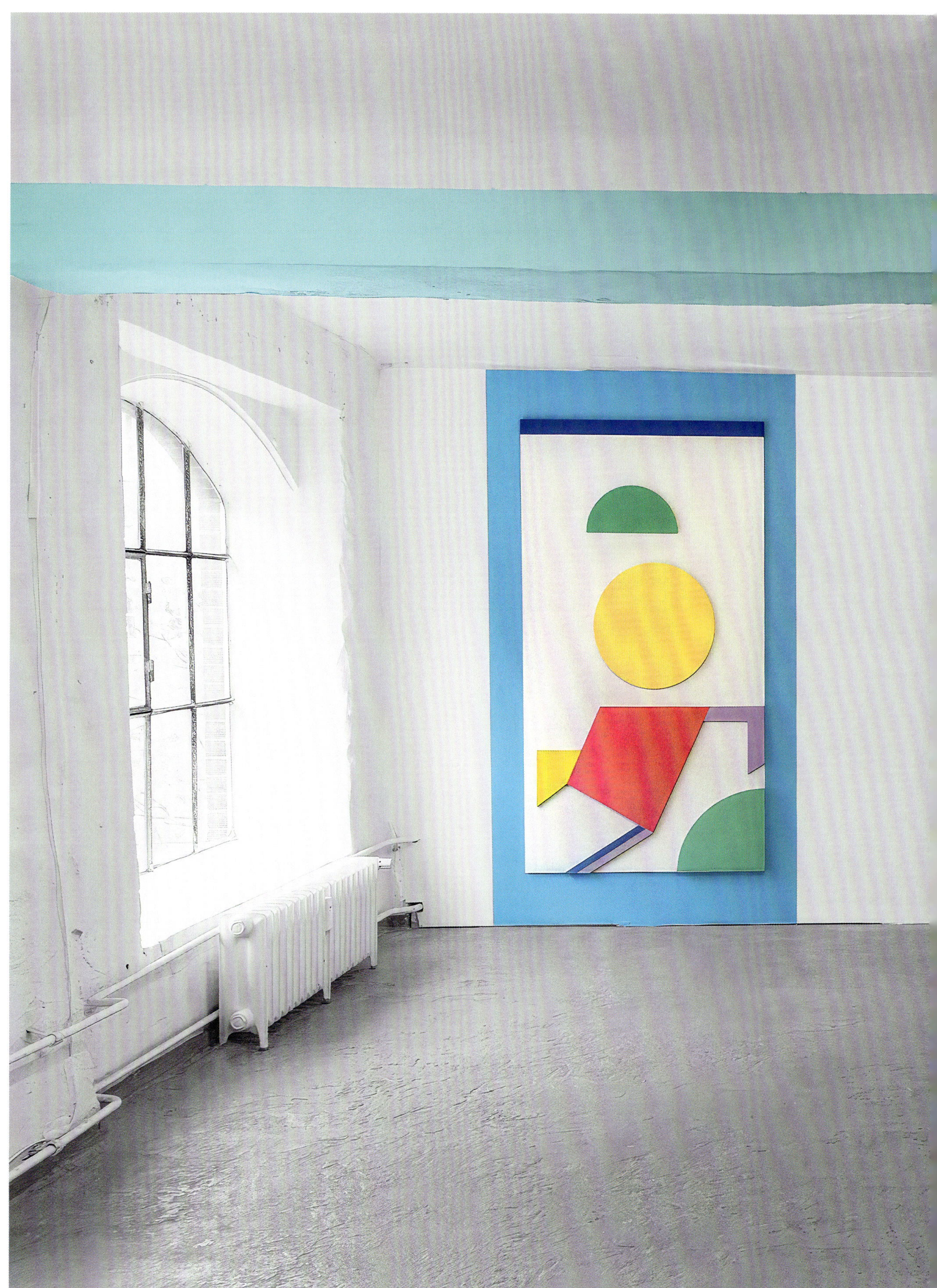

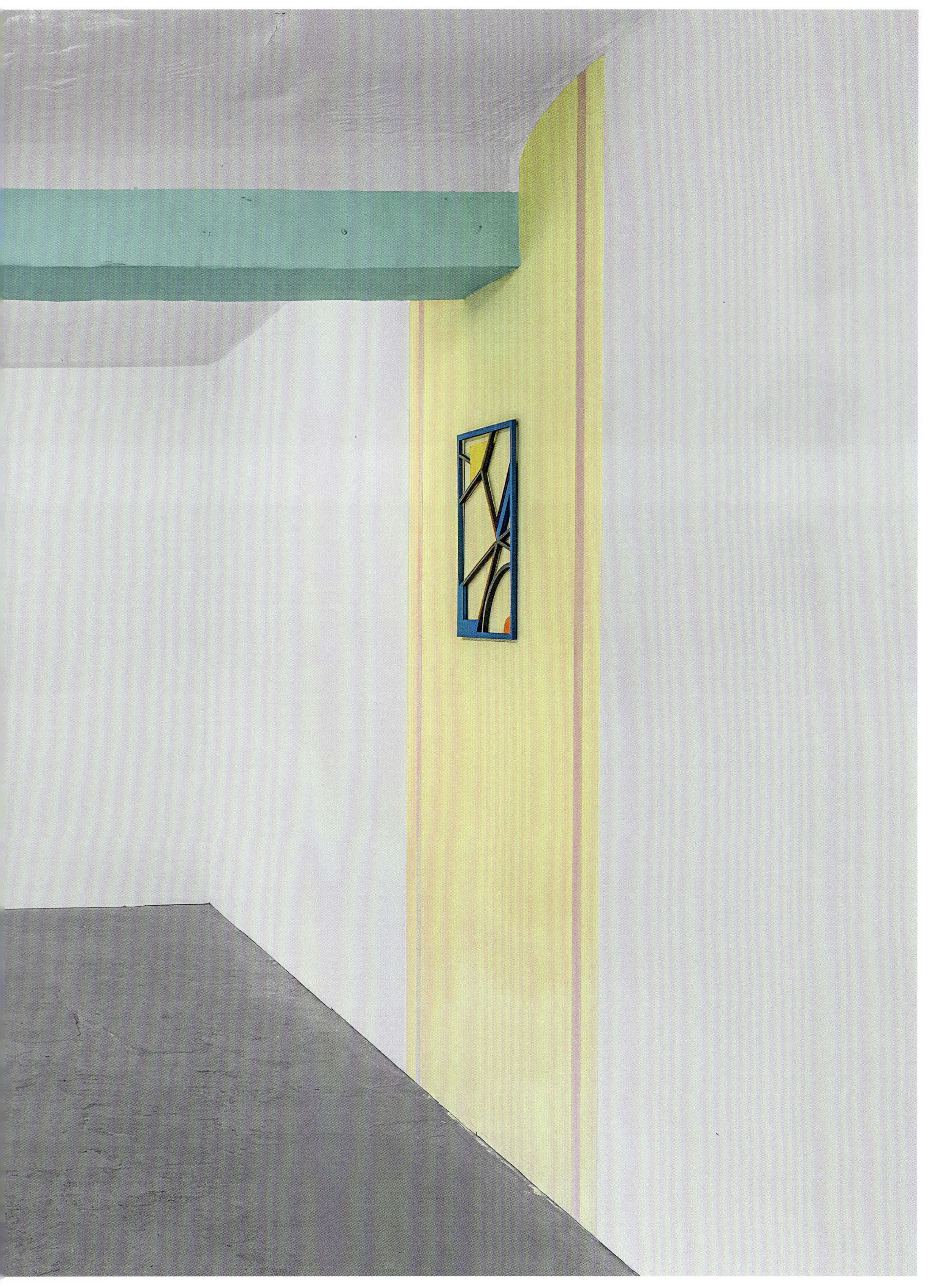

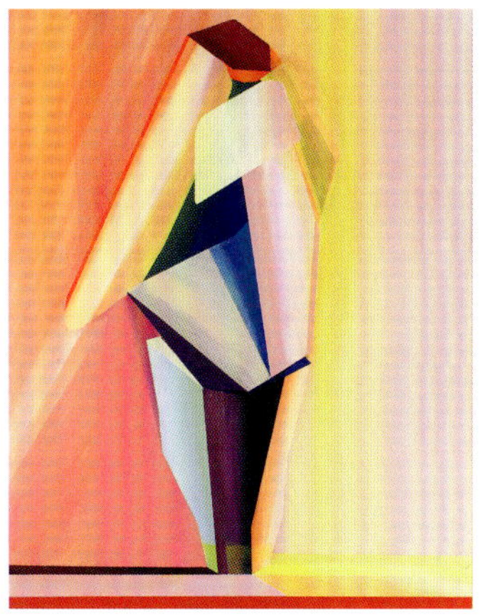

Structure

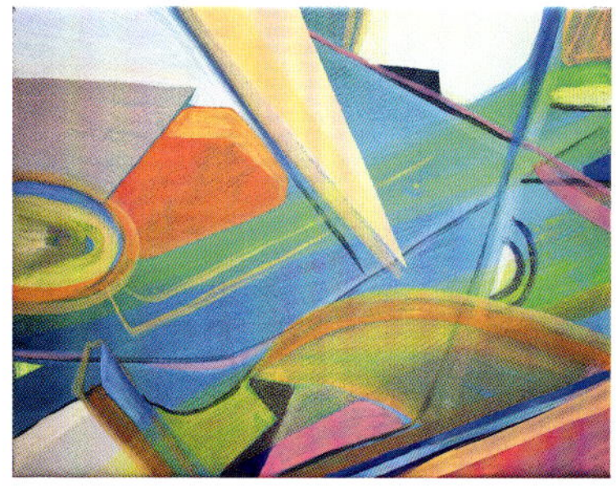

Untitled

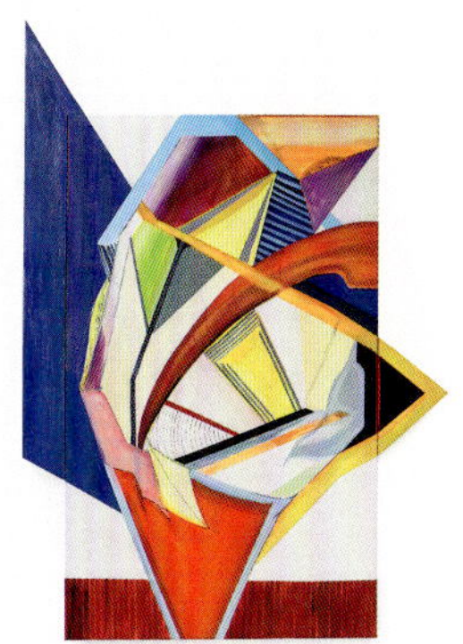

Construction

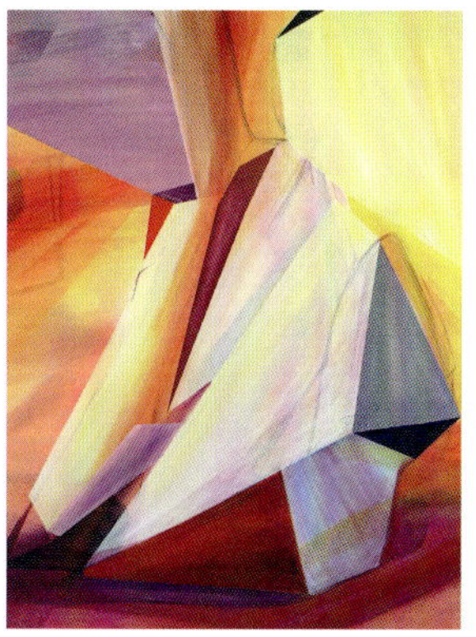

Good Coincidence

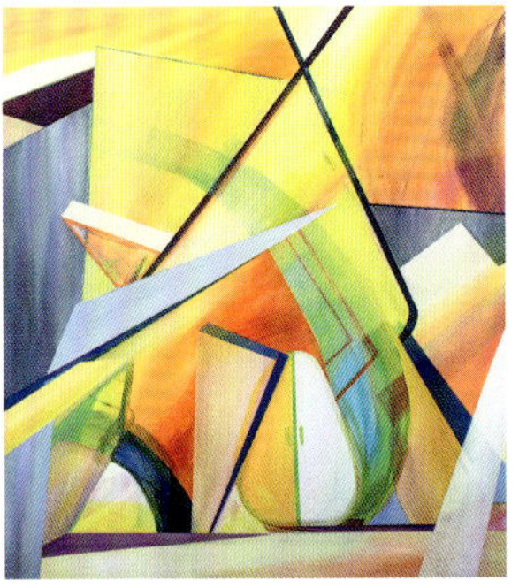

A few things and pear

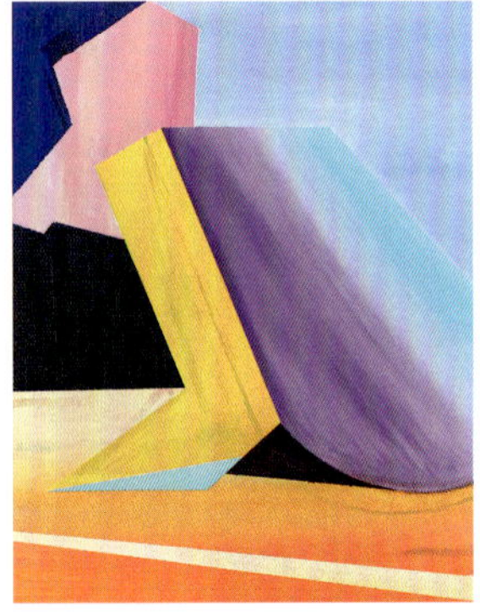

Untitled

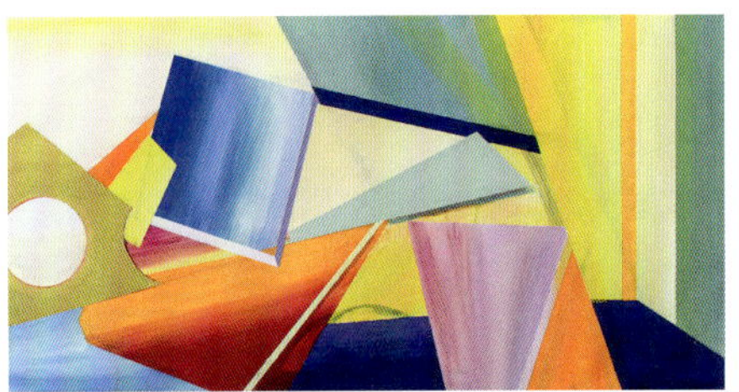

Geometric Landscape

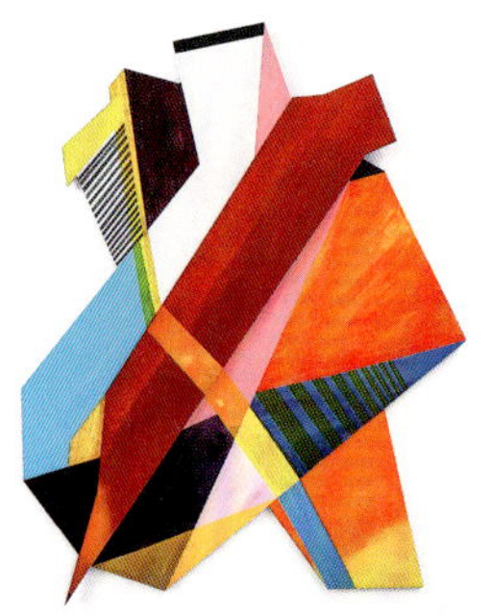

Geometric Relief

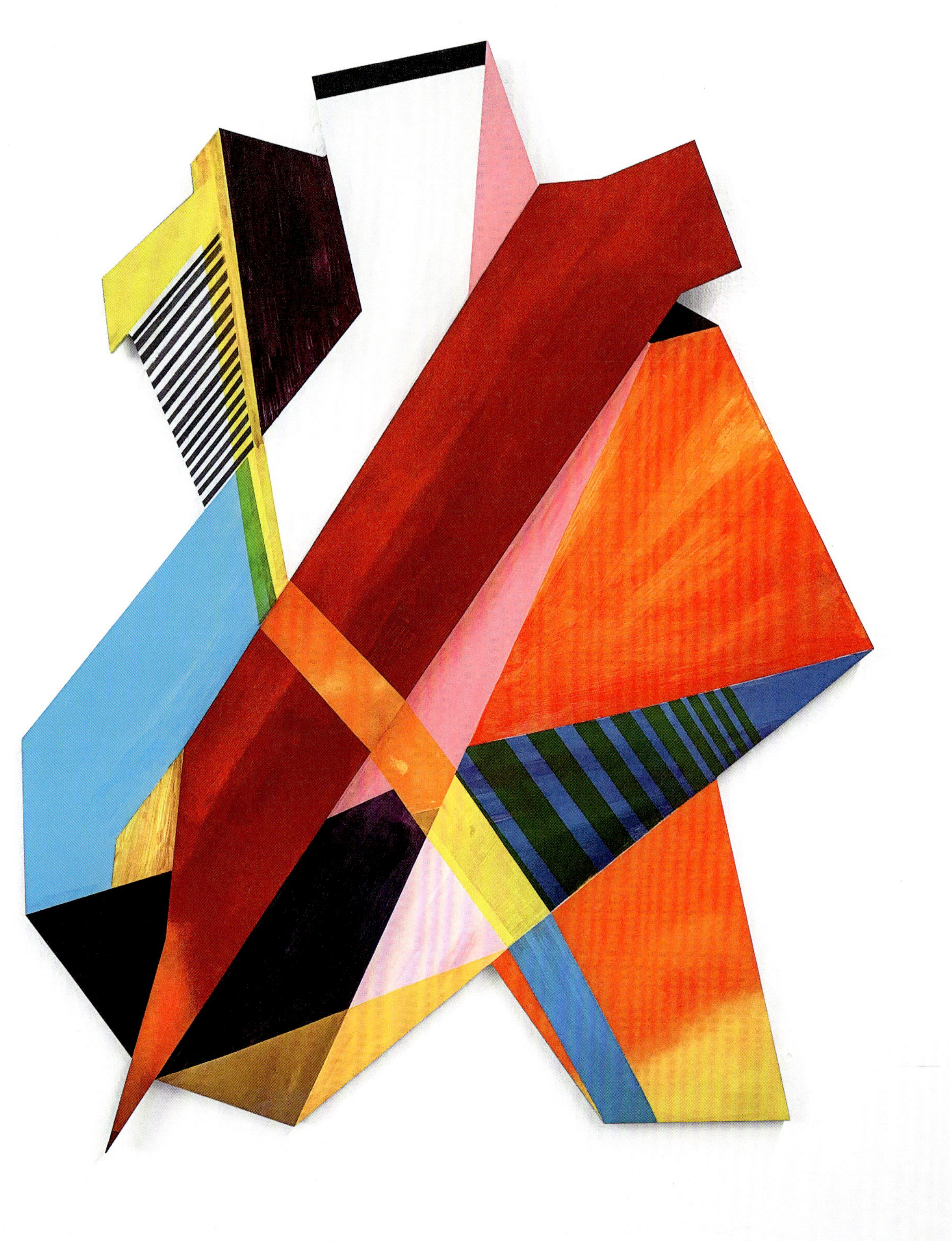

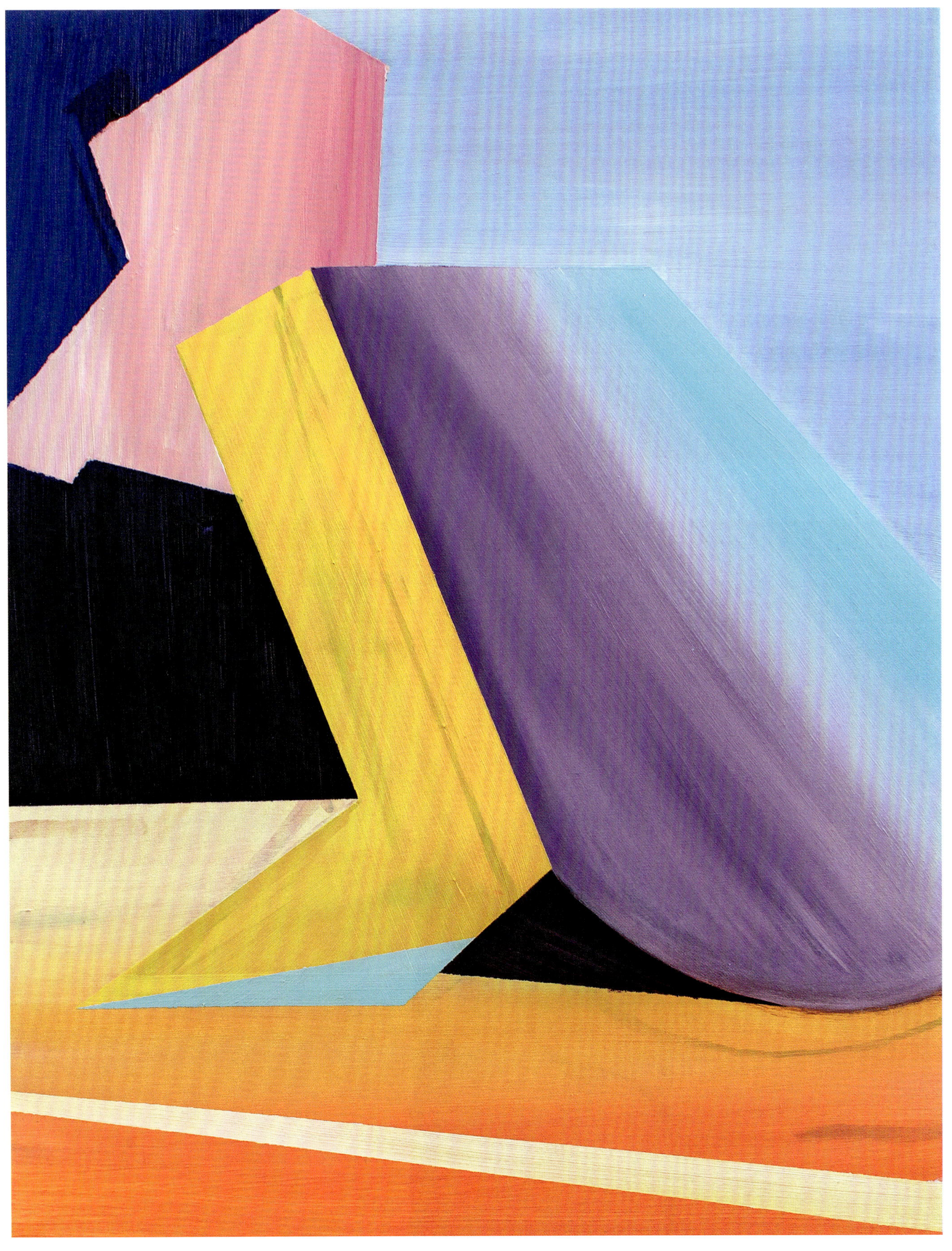

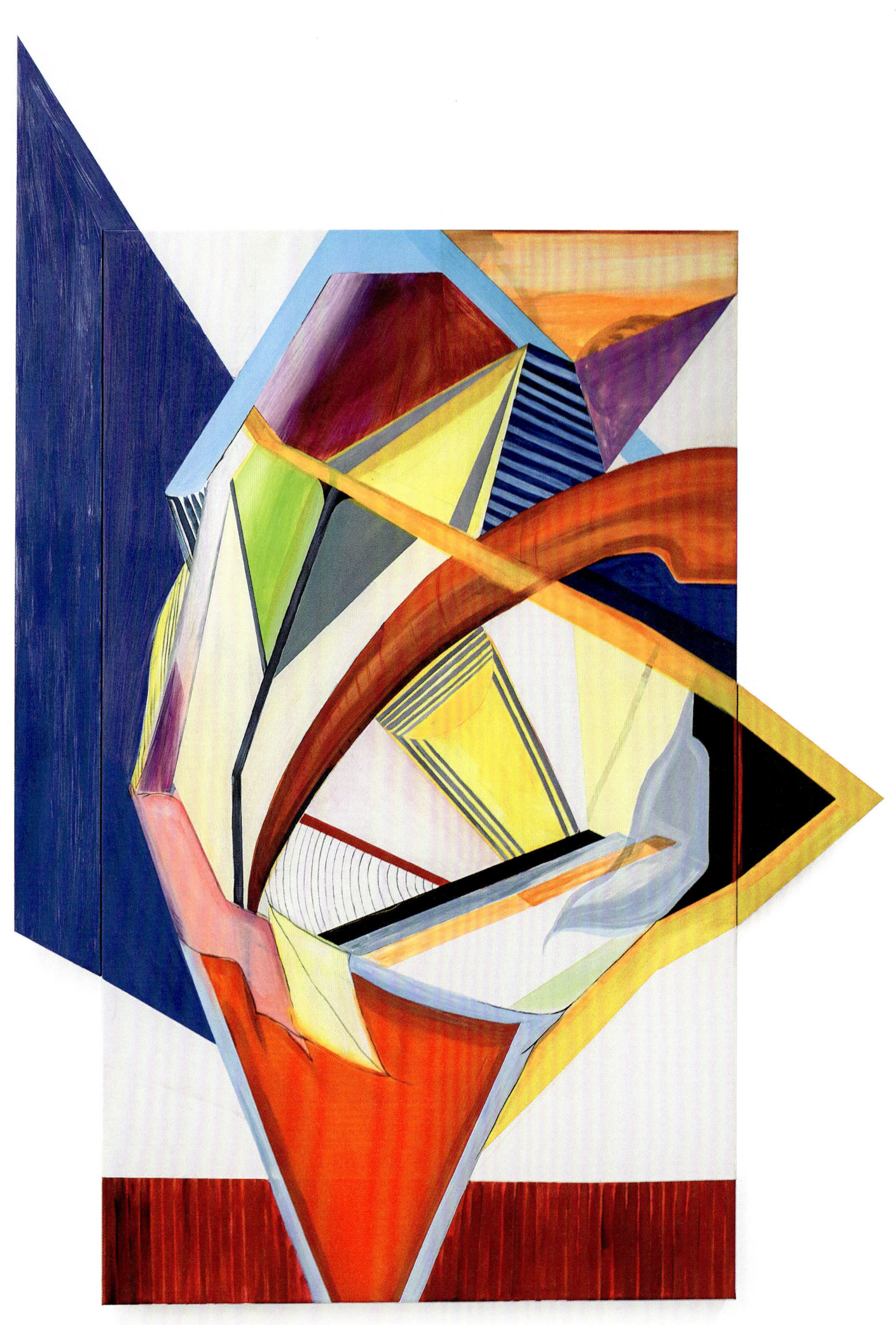

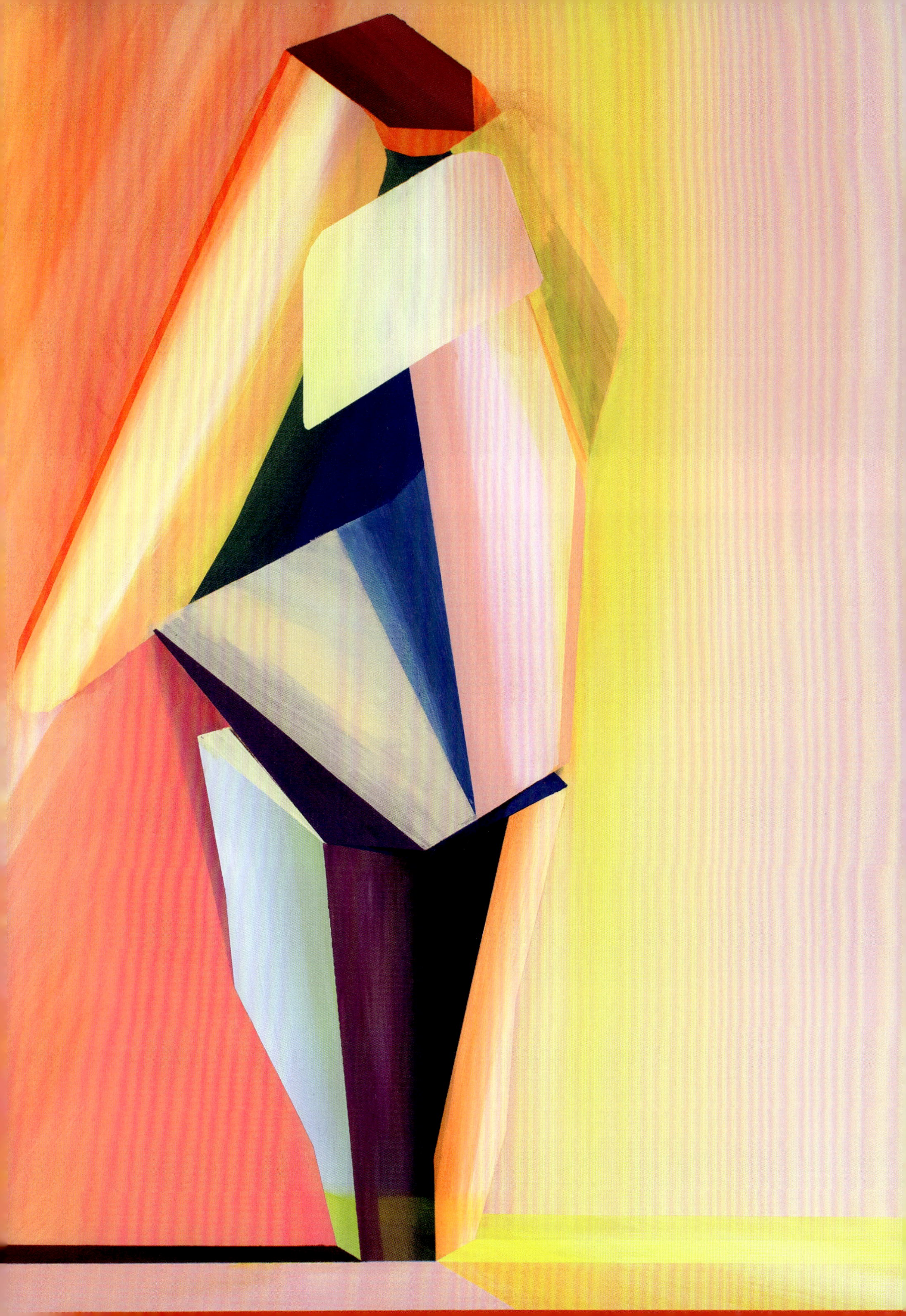

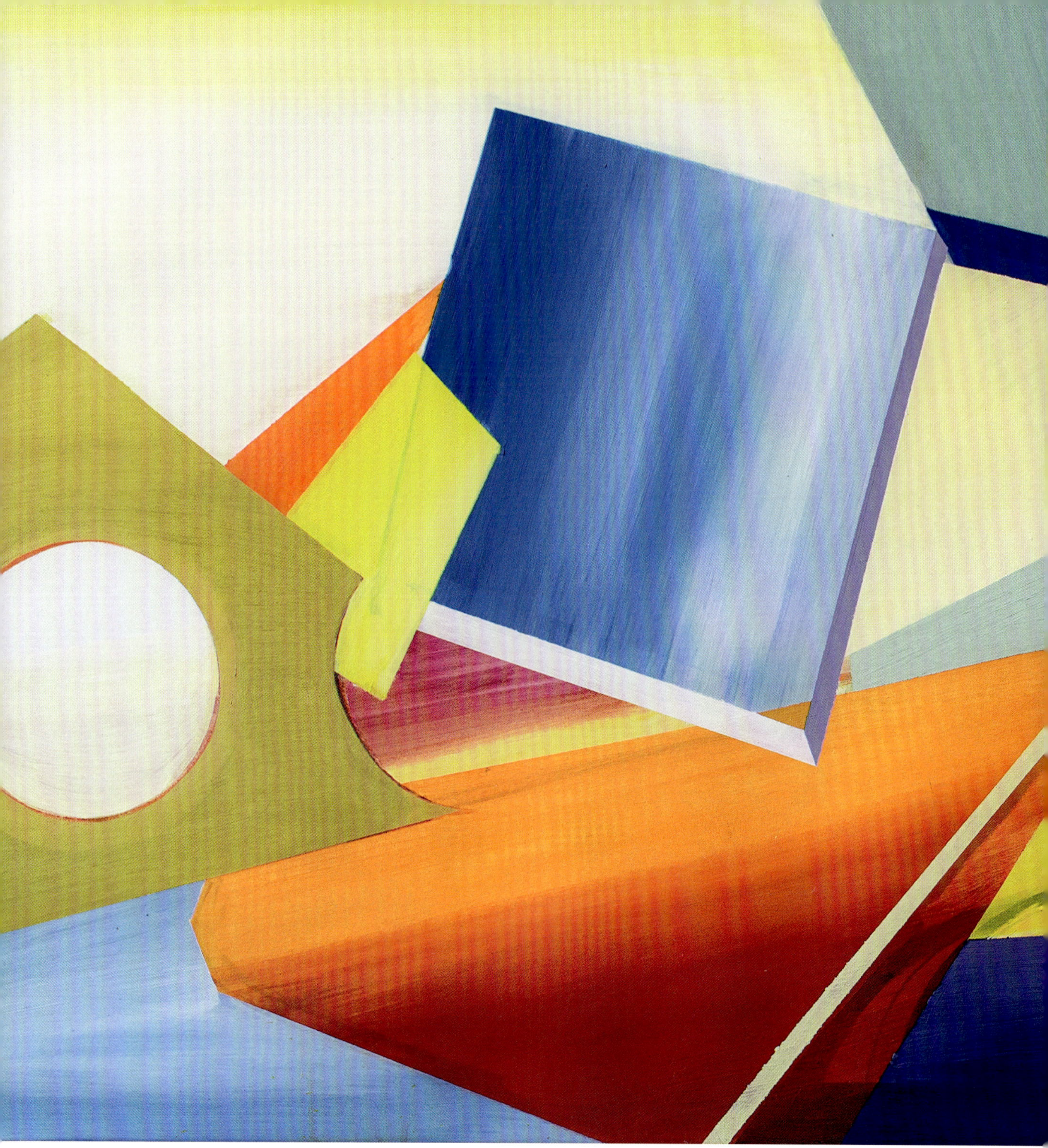

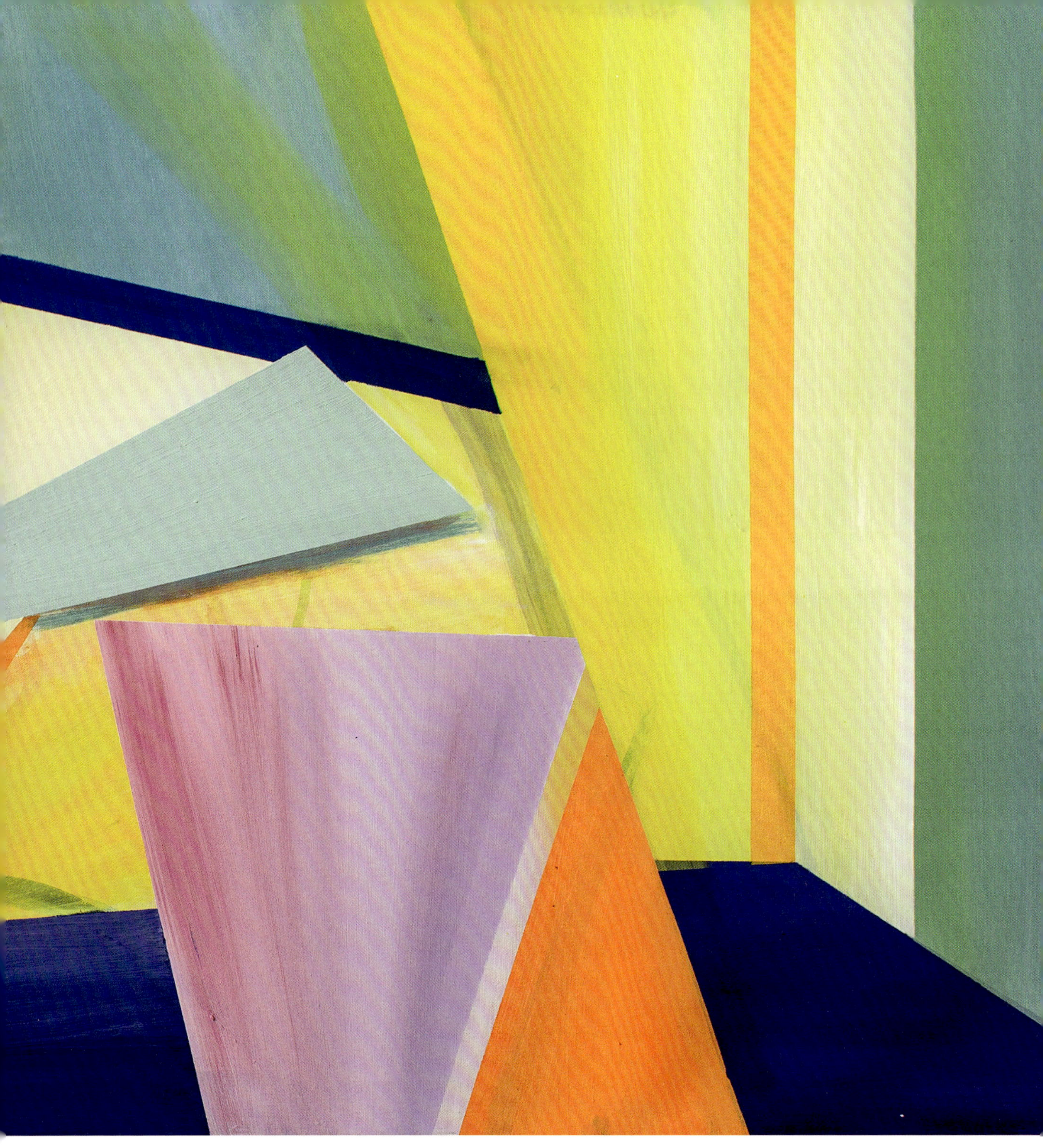

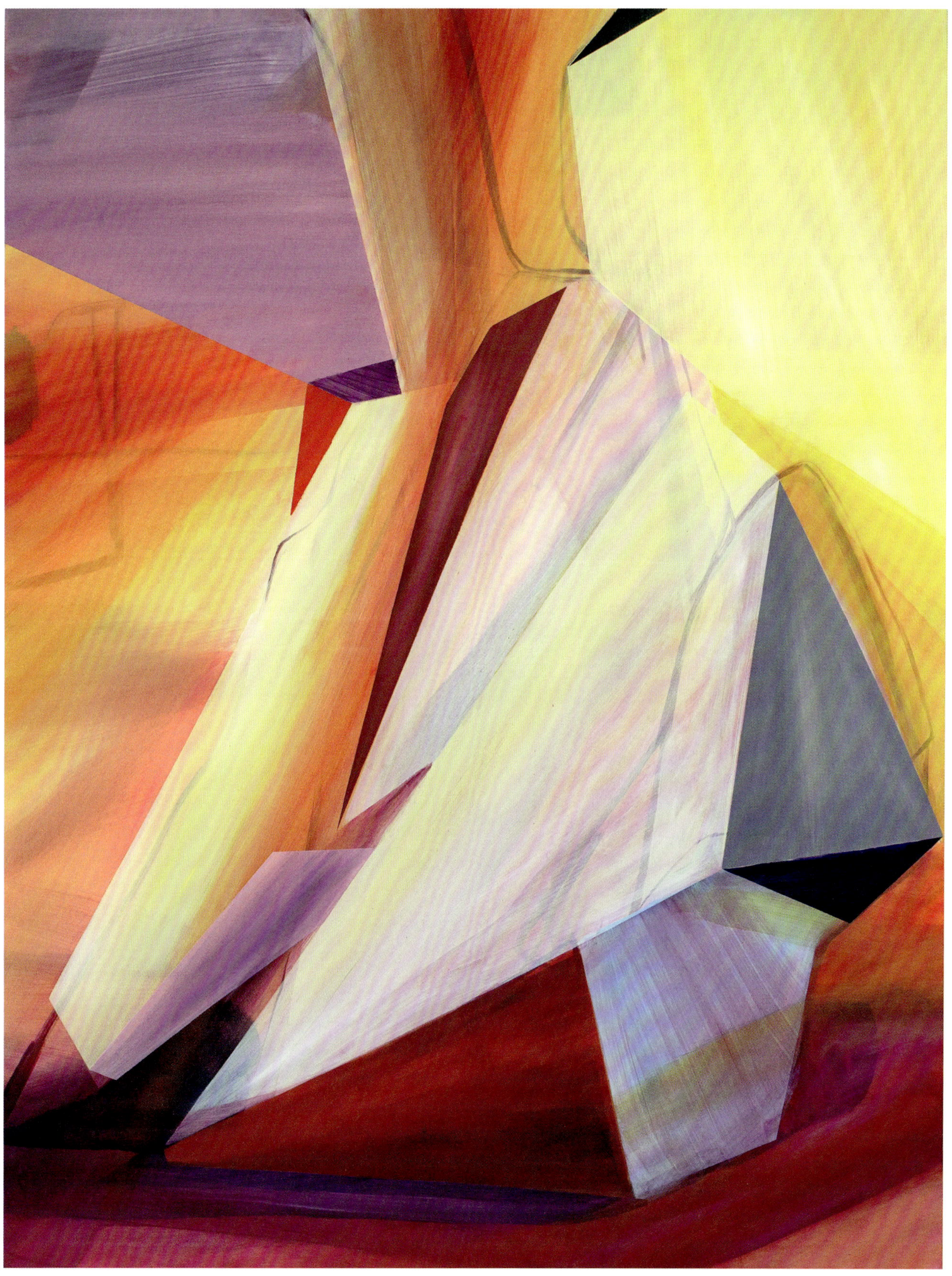

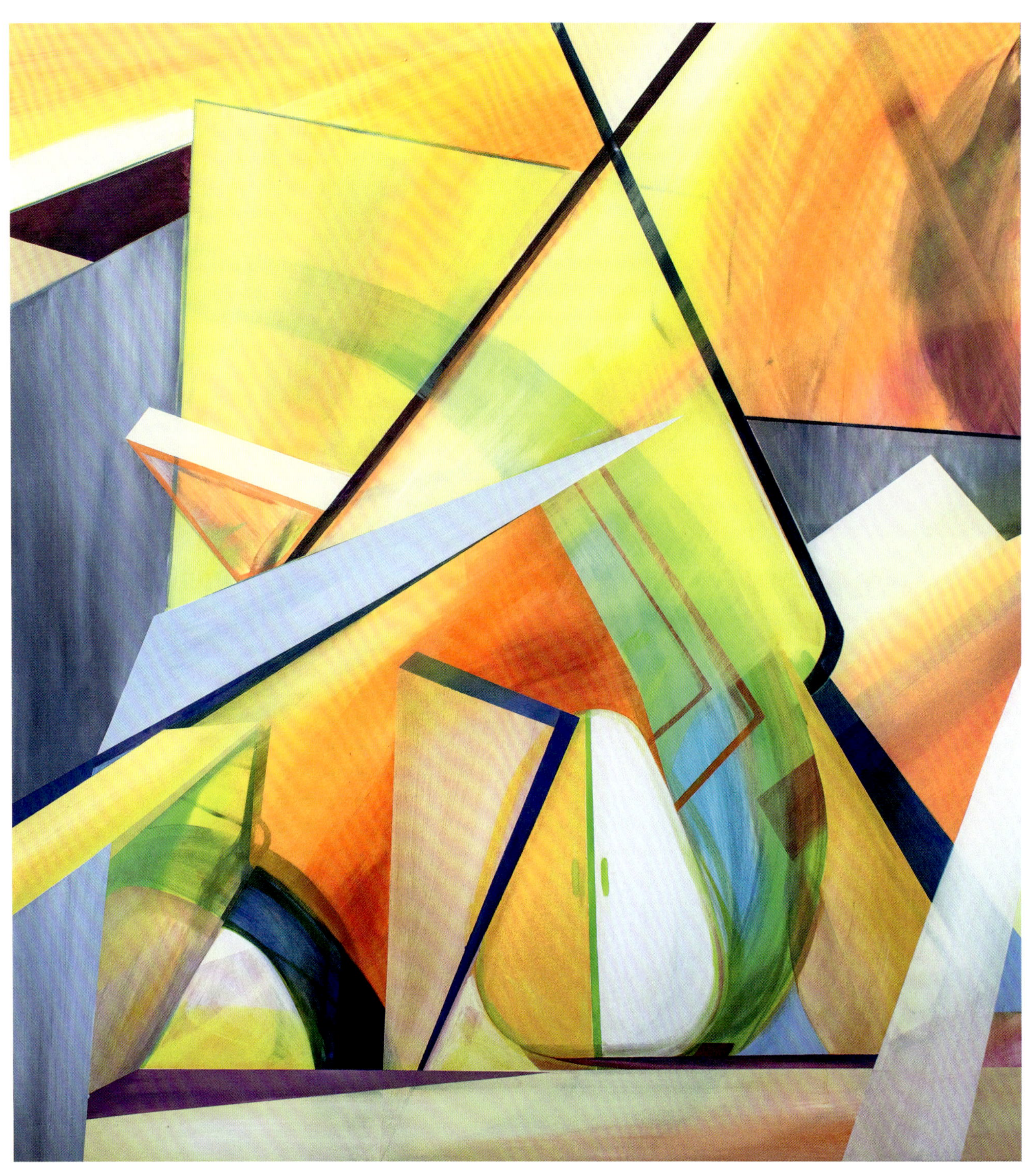

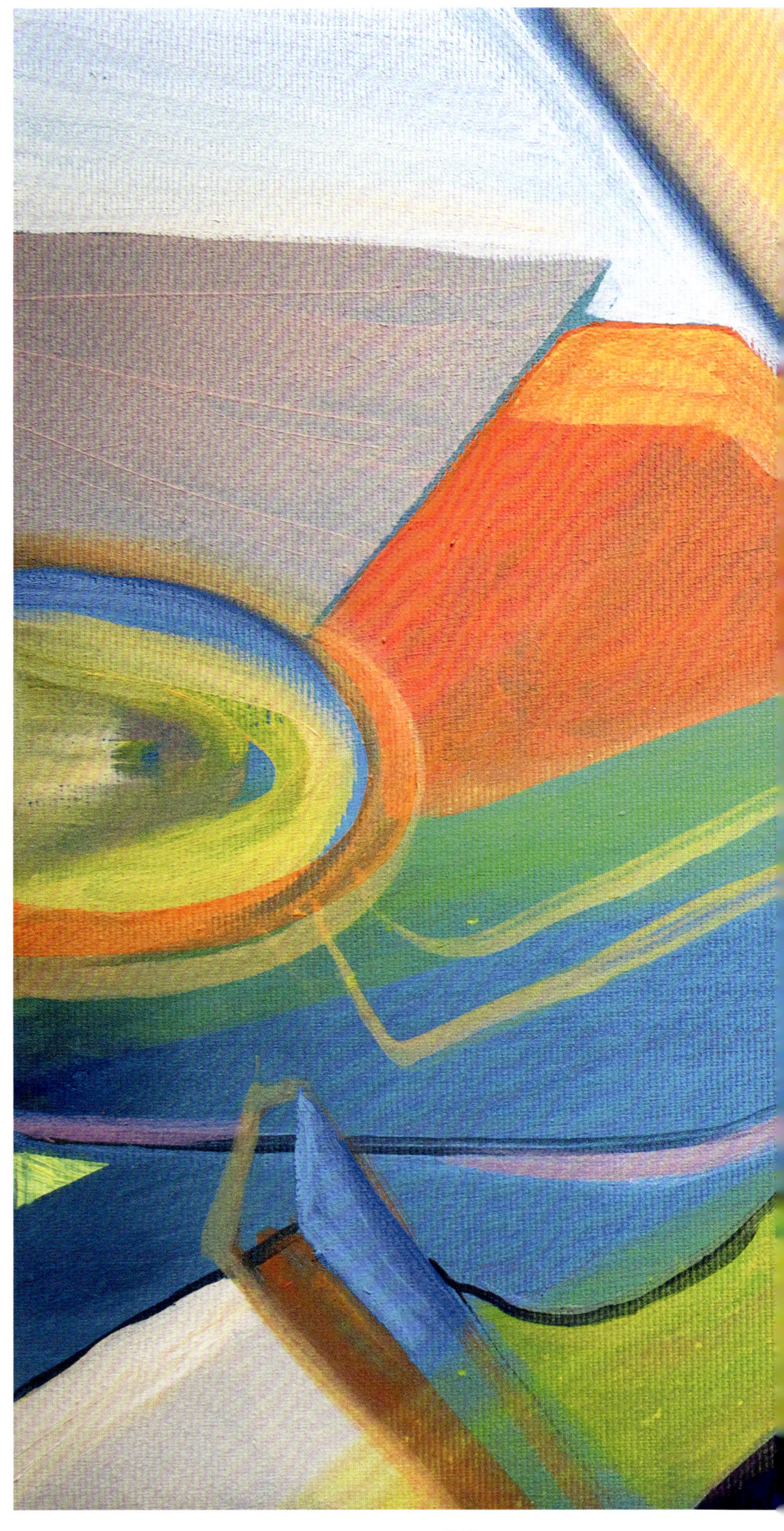

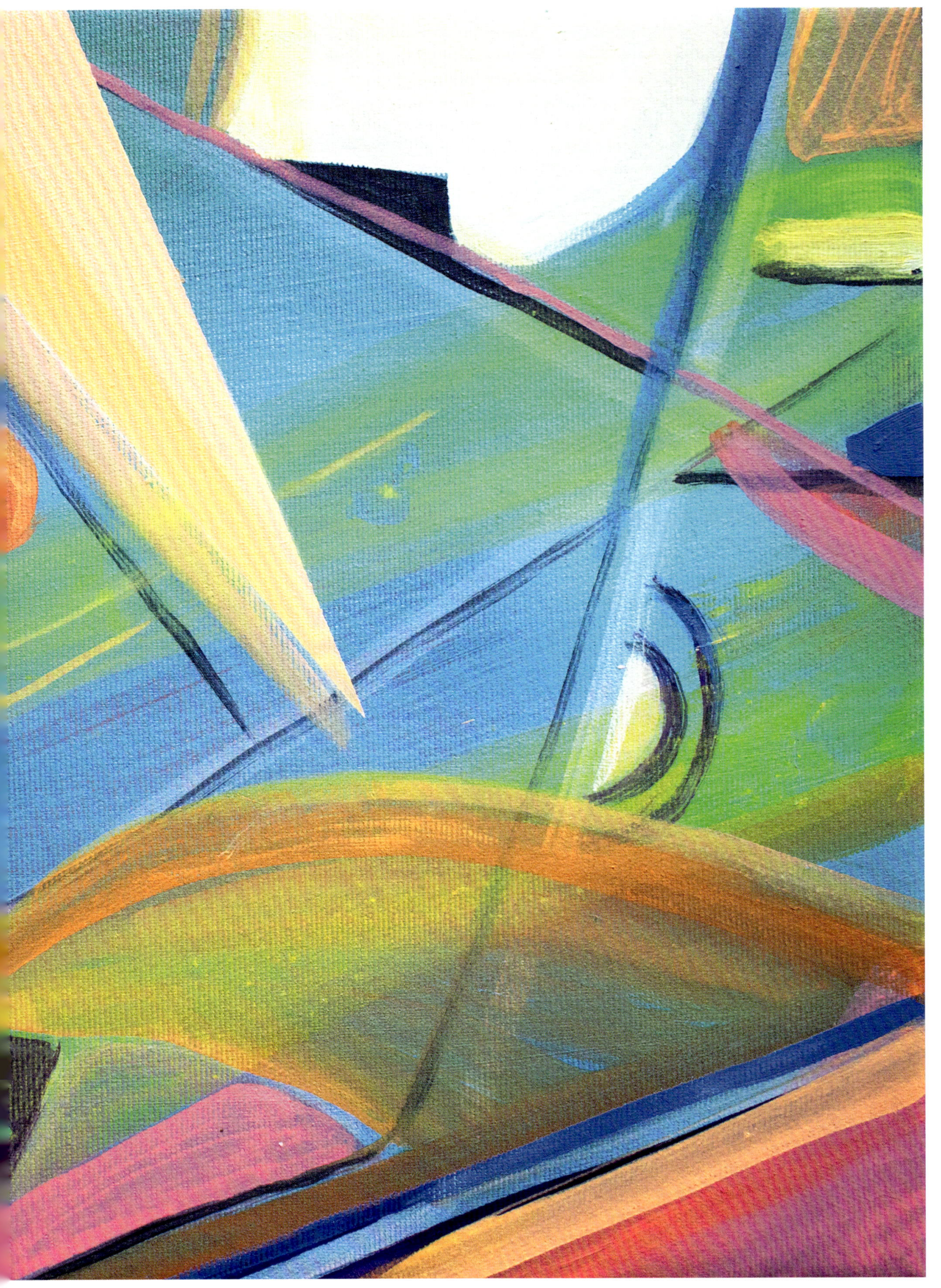

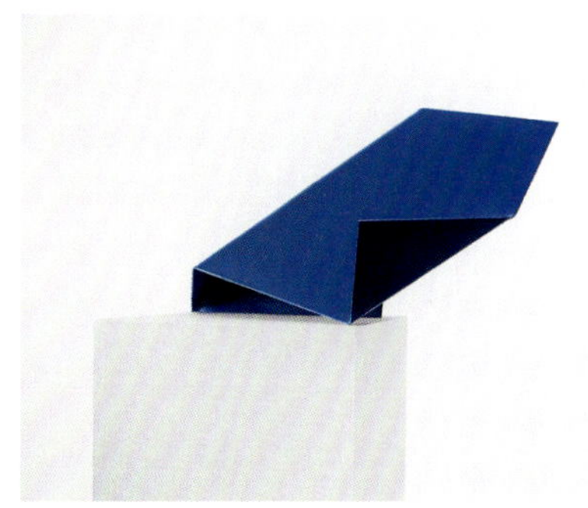

Blau

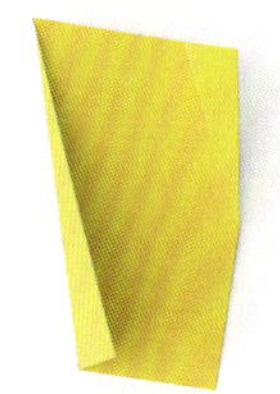

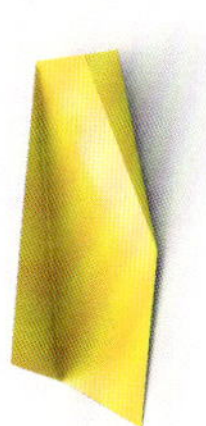

Gelb

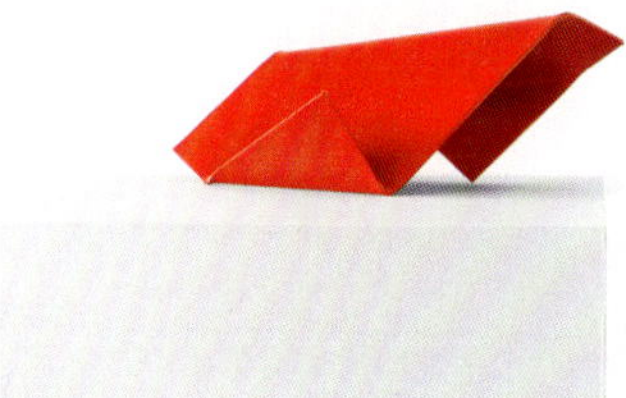

Rot

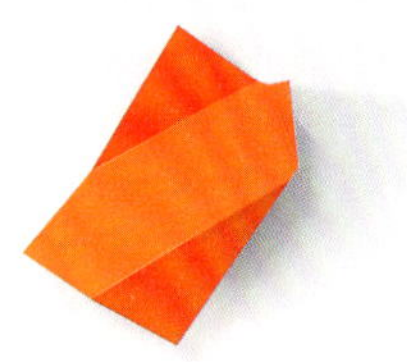

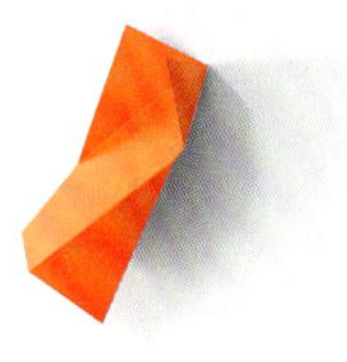

Orange

Violet

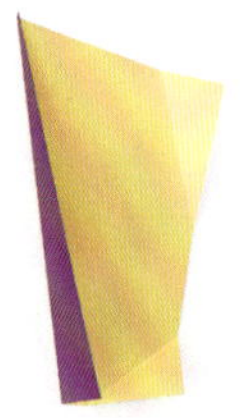

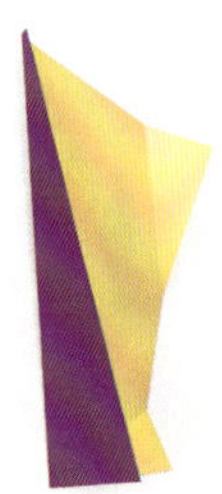

Untitled

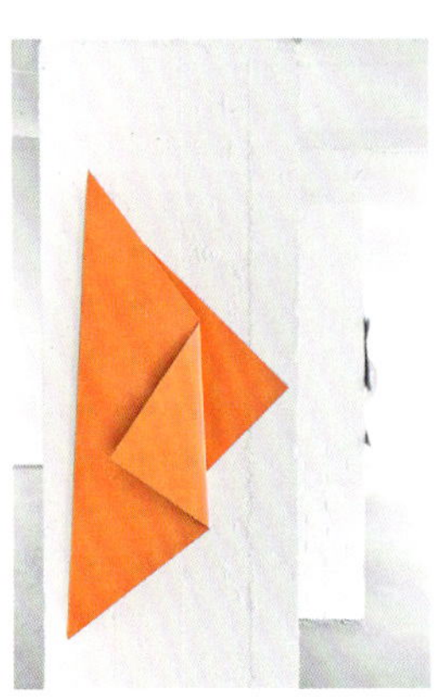

Matter of Form
(Teilansicht / Partial view)

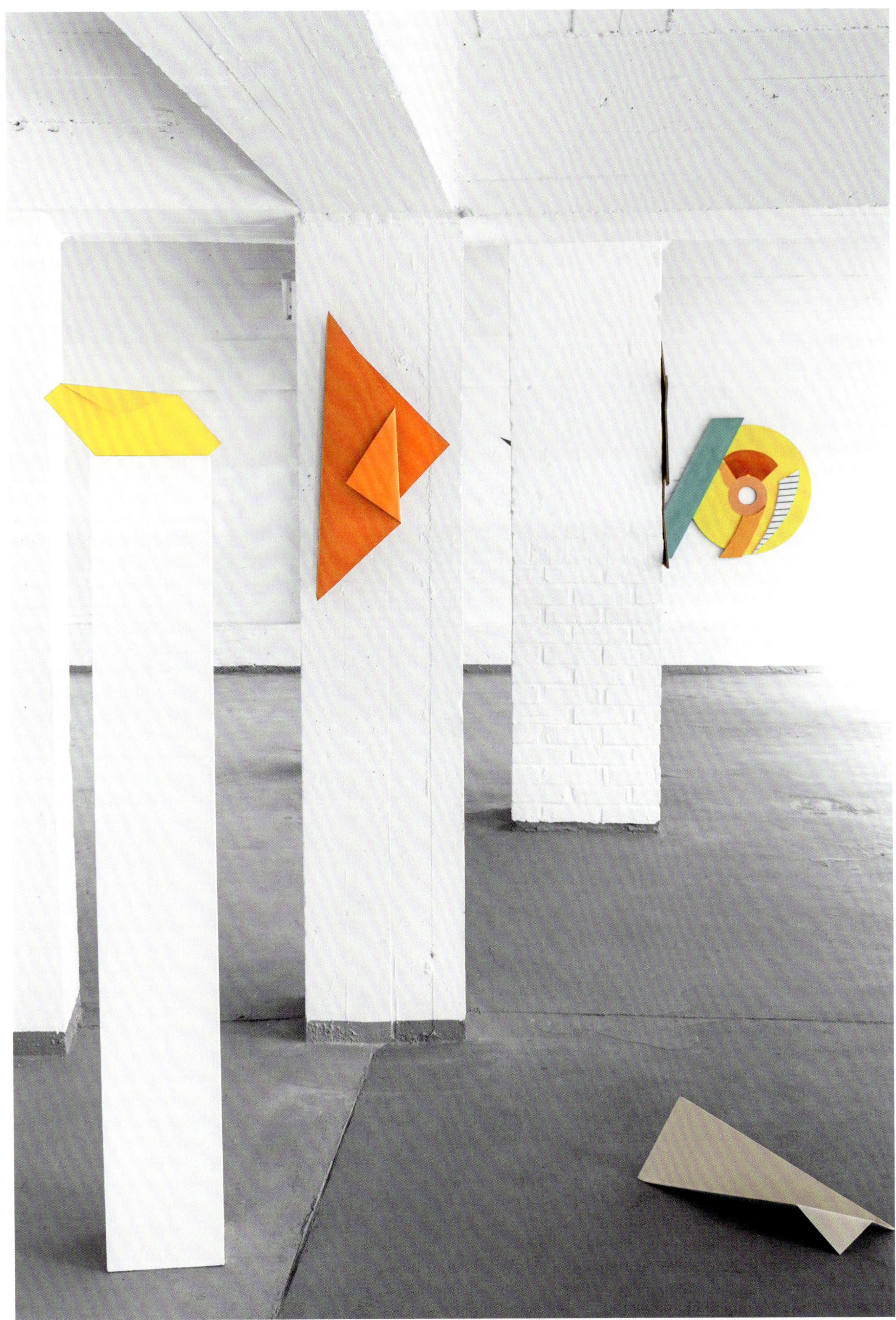

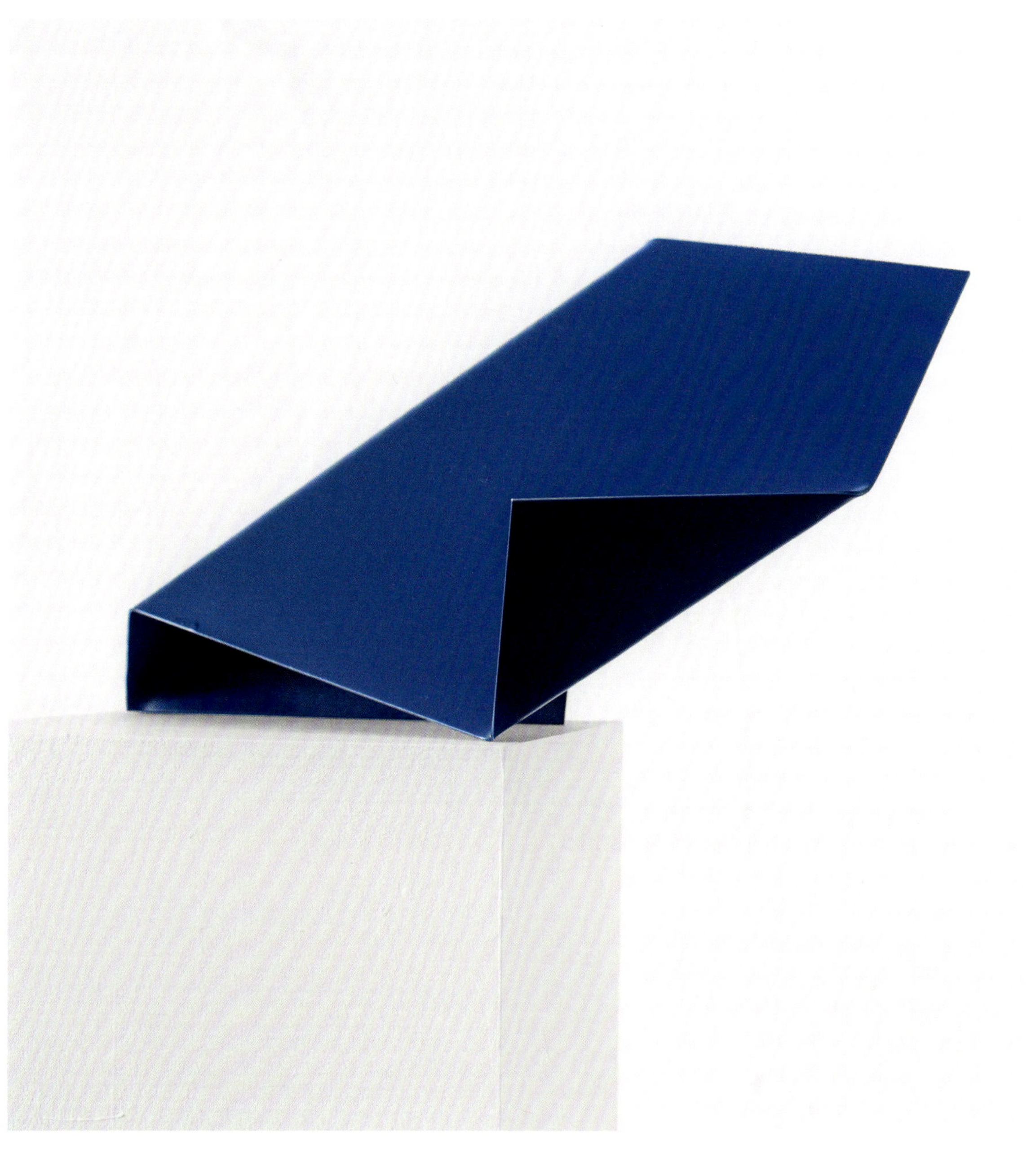

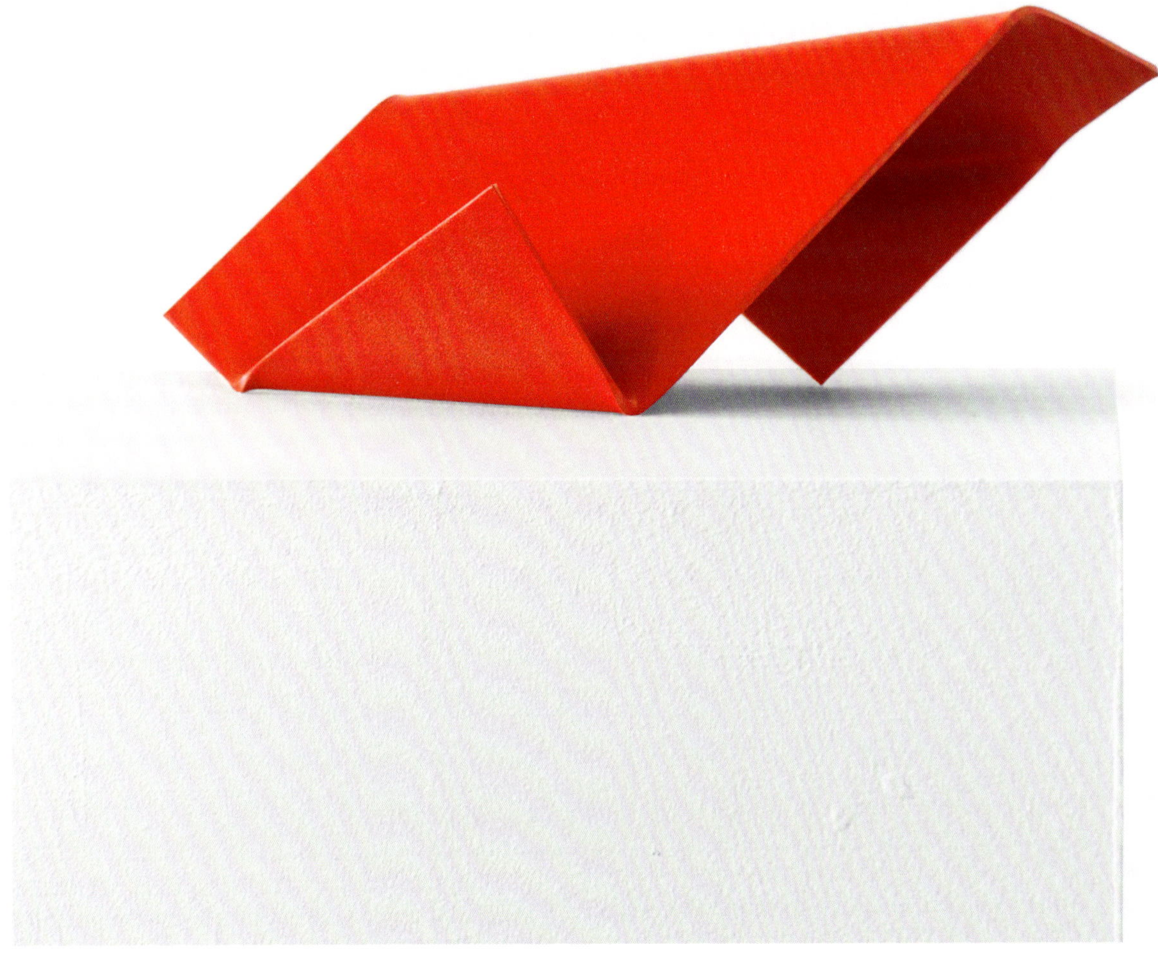

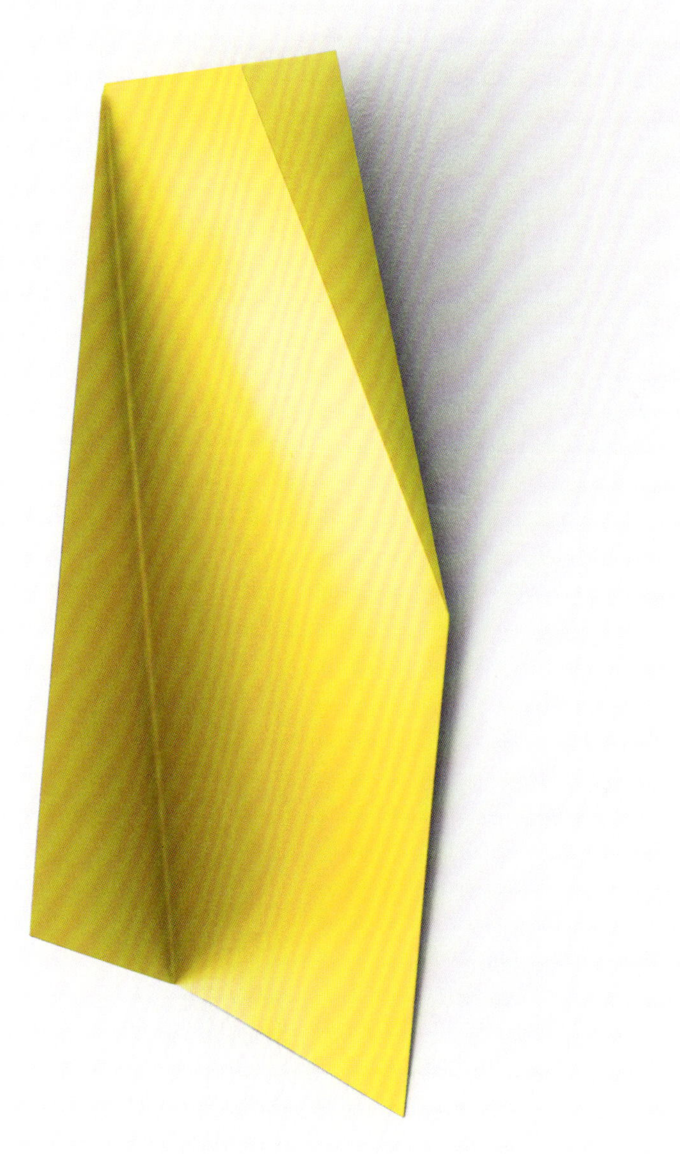

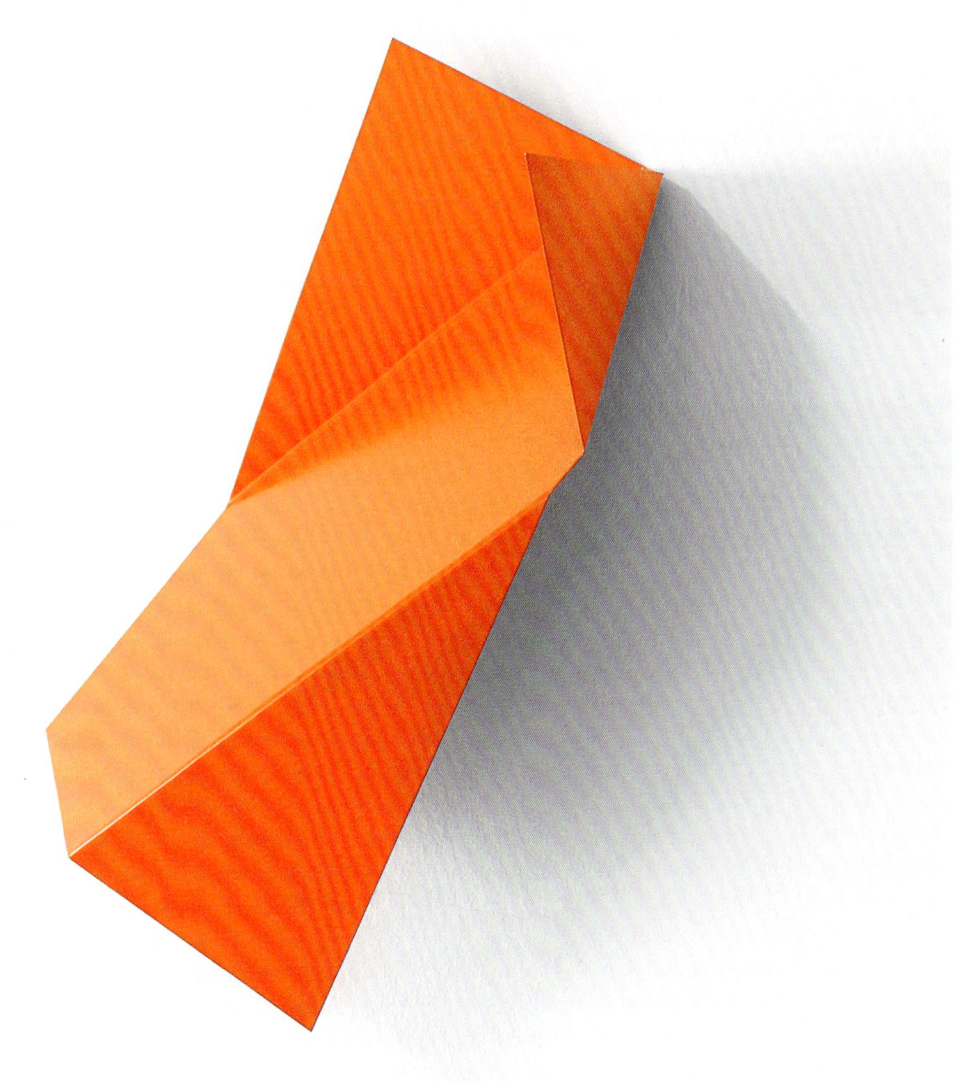

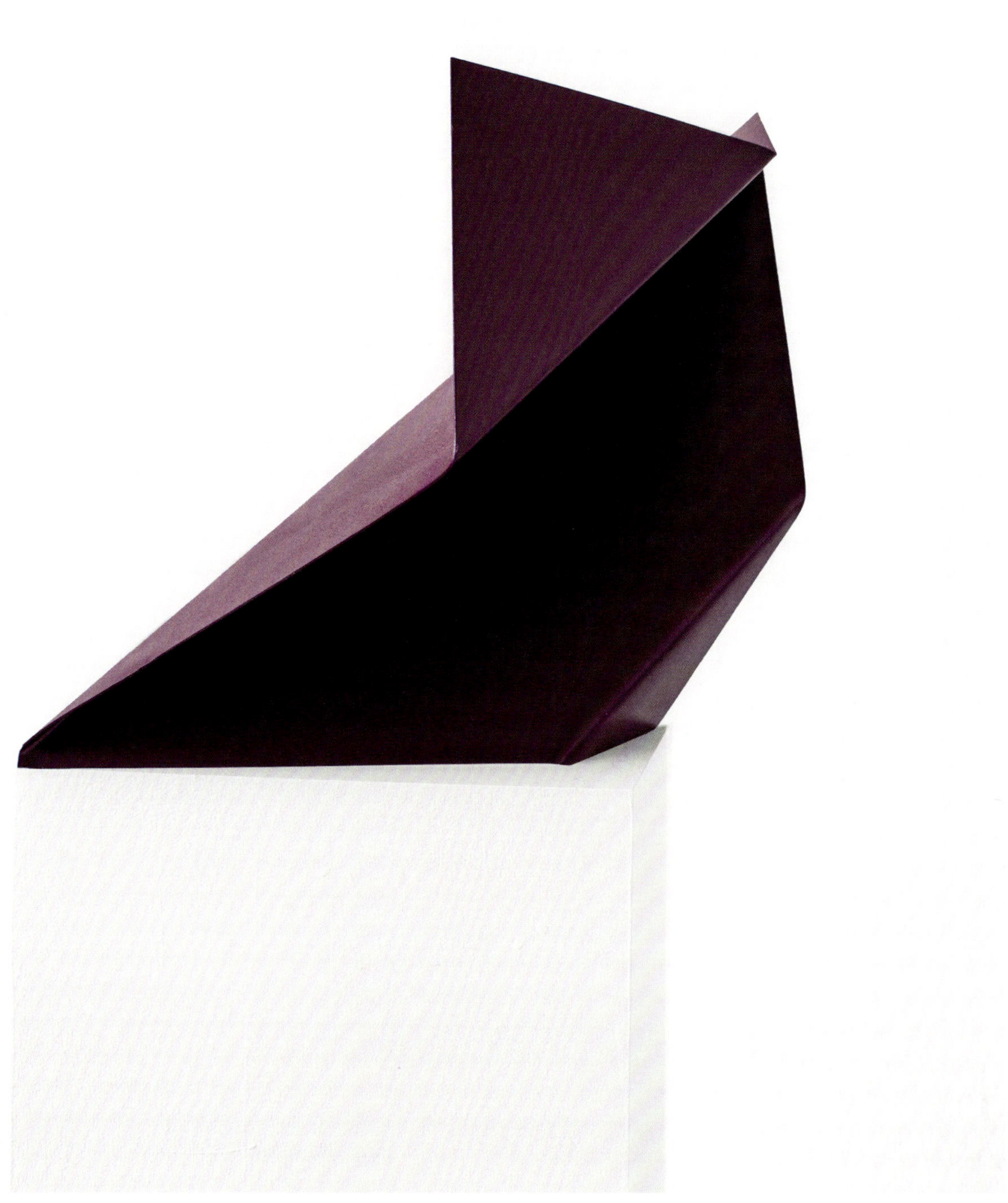

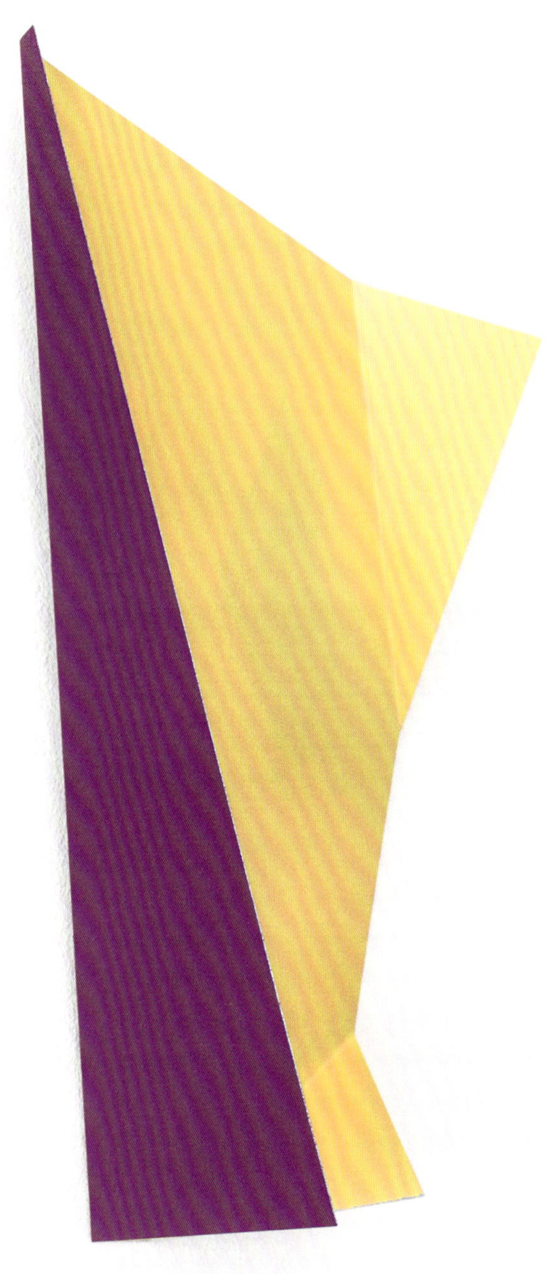

Ana Kostova (1995 in Plovdiv, Bulgarien geboren) absolvierte von 2021 bis 2023 ein Masterstudium der Freien Kunst an der Muthesius Kunsthochschule in Kiel bei Prof. Antje Majewski. Zuvor studierte sie von 2018 bis 2020 Malerei im Masterstudiengang an der Nationalen Kunstakademie in Sofia, Bulgarien. Ihr künstlerisches Werk wurde mehrfach ausgezeichnet. So erhielt sie 2023 den DAAD-Preis und wurde 2024 für den 7. André-Evard-Preis für konkret-konstruktive Kunst nominiert. Im Jahr 2025 folgte die Nominierung für den Preis VHV – Artwork of the Year. Zudem wurde sie mit dem Pavillon-Stipendium des Kulturwerks Schleswig-Holstein gefördert.
Ana Kostovas Arbeiten waren bereits in zahlreichen Einzel- und Gruppenausstellungen im In- und Ausland zu sehen. 2025 zeigte sie ihre Einzelausstellung *Contours of Memory* in Prima Kunst in Kiel. Weitere Einzelausstellungen fanden unter anderem 2023 im Kunstraum B in Kiel (*Von einem Raum zum anderen*) statt. Ihre bislang größte Einzelausstellung wurde 2025 erstmals in Zusammenarbeit mit der Galerie Kaufmann in Hamburg realisiert.
Auch in Gruppenausstellungen war sie vielfach vertreten, unter anderem 2024 bei der Ausstellung zum 7. André-Evard-Preis in der Kunsthalle Messmer sowie auf der Sofia Art Fair. Bereits 2023 präsentierte sie ihre Arbeiten auf der Positions Art Fair in Berlin, beim Salon der Gegenwart in Hamburg sowie in verschiedenen Duo- und Gruppenausstellungen in Sofia, Kiel und Nachod (Tschechien). Frühere Ausstellungsbeteiligungen führten sie unter anderem nach Bremen, Neumünster und Hamburg.

Ana Kostova (born 1995 in Plovdiv, Bulgaria) completed a Master's degree in Fine Arts from 2021 to 2023 at the Muthesius University of Fine Arts in Kiel under Professor Antje Majewski. Prior to that, she studied painting in the Master's program at the National Academy of Arts in Sofia, Bulgaria, from 2018 to 2020.
Her artistic work has received multiple awards. In 2023, she was awarded the DAAD Prize and was nominated in 2024 for the 7th André Evard Prize for Concrete-Constructive Art. In 2025, she was also nominated for the VHV – Artwork of the Year Prize. Additionally, she received the Pavilion Scholarship from the Cultural Foundation of Schleswig-Holstein.
Ana Kostova's work has been shown in numerous solo and group exhibitions both in Germany and abroad. In 2025, she presented her solo exhibition *Contours of Memory* at Prima Kunst in Kiel. Other solo exhibitions took place in 2023 at Kunstraum B in Kiel (*Von einem Raum zum anderen*). Her largest solo exhibition to date was realized in 2025 in collaboration with Galerie Kaufmann in Hamburg.
Kostova has also been featured in many group exhibitions, including the 2024 exhibition for the 7th André Evard Prize at Kunsthalle Messmer and at the Sofia Art Fair. In 2023, she exhibited at the Positions Art Fair in Berlin, at the Salon der Gegenwart in Hamburg, and in various duo and group exhibitions in Sofia, Kiel, and Nachod (Czech Republic). Earlier exhibitions took her to cities such as Bremen, Neumünster, and Hamburg.

Index
of works
sortiert nach Seitenzahlen
listed by page number

77
Geometric Imagery
2024
Acryl auf MDF
127 × 102 cm

79
Geometric Imagery
2024
Acryl auf MDF
50 × 40 cm

81
Geometric Imagery
2024
Acryl auf MDF
46 × 36 cm

82
Flower
2024
Acryl auf MDF
39 × 33 cm

83
Flower
2024
Acryl auf MDF
122 × 105 cm

85
Geometric Imagery
2024
Acryl auf MDF
46 × 36 cm

86
Combine
2023
Acryl auf MDF
52 × 33 cm

88–89
Emblemata
2023
Installationsansicht

93
Geometric Relief
2021
Acryl auf MDF
165 × 5 × 140 cm

95
Untitled
2024
Öl auf Leinwand
50 × 60 cm

97
Construction
2022
Öl auf Leinwand und Holz
200 × 160 cm

99
Reconstruction
2024
Öl auf Leinwand
150 × 120 cm

100–101
Geometric Landscape
2023
Öl auf Leinwand
180 × 160 cm

102
Good Coincidence
2021
Öl auf Leinwand
170 × 130 cm

103
A few things and a pear
2022
Öl auf Leinwand
180 × 160 cm

104–105
Untitled
2022
Öl auf Leinwand
40 × 30 cm

109
Matter of Form
2021
Installationsansicht
Metallobjekte aus Sprühfarbe
unterschiedliche Größen

110
Blau
2022
Sprühfarbe auf Metall
33 × 16 × 16 cm

111
Rot
2022
Sprühfarbe auf Metall
18 × 6 × 6 cm

112
Gelb
2024
Sprühfarbe auf Metall
21 × 3 × 29 cm

113
Orange
2024
Sprühfarbe auf Metall
20 × 4 × 28 cm

114
Violet
2022
Sprühfarbe auf Metall
22 × 18 × 25 cm

115
Untitled
2024
Sprühfarbe auf Metall
20 × 7 × 28 cm